마음으로 듣고,
그림책으로 말하다

마음으로 듣고, 그림책으로 말하다

가족을 성장시키는 그림책 심리 치유의 기록

초 판 1쇄 2025년 04월 07일

지은이 박하(朴夏)
펴낸이 류종렬

펴낸곳 미다스북스
본부장 임종익
편집장 이다경, 김가영
디자인 임인영, 윤가희
책임진행 안채원, 이예나, 김요섭, 김은진, 장민주

등록 2001년 3월 21일 제2001-000040호
주소 서울시 마포구 양화로 133 서교타워 711호
전화 02) 322-7802~3
팩스 02) 6007-1845
블로그 http://blog.naver.com/midasbooks
전자주소 midasbooks@hanmail.net
페이스북 https://www.facebook.com/midasbooks425
인스타그램 https://www.instagram.com/midasbooks

© 박하(朴夏), 미다스북스 2025, Printed in Korea.

ISBN 979-11-7355-178-9 03370

값 19,500원

※ 파본은 본사나 구입하신 서점에서 교환해드립니다.
※ 이 책에 실린 모든 콘텐츠는 미다스북스가 저작권자와의 계약에 따라 발행한 것이므로 인용하시거나 참고하실 경우 반드시 본사의 허락을 받으셔야 합니다.

미다스북스는 다음세대에게 필요한 지혜와 교양을 생각합니다.

가족을 성장시키는 그림책 심리 치유의 기록

마음으로 듣고,
그림책으로 말하다

박하(朴夏) 지음

심리 치유 지도사가 안내하는　　멀어진 마음들이 다시 당기까지의 여정

미다스북스

들어가는 글　　　　　　　　　　　7

1。 내면세계를 비추는 가족이라는 거울

　1　왕좌를 빼앗긴 황태자　　　　　　　13
　2　외동아이가 품은 애착의 깊이　　　　19
　3　있는 그대로의 나를 인정해요　　　　25
　4　사춘기 아이를 바라보는 따뜻한 시선　31
　5　아버지와 나, 추억이 되는 순간　　　　37
　6　기린의 언어, 자칼의 언어　　　　　　43
　7　화해가 맺어준 동지애　　　　　　　　49
　8　충분히 좋은 부모　　　　　　　　　　55

2。 그림책, 감정을 치유하는 창이 되다

　1　눈물이 건네는 치유의 힘　　　　　　63
　2　도깨비불이야? 반딧불이야!　　　　　69
　3　똥껑이의 전설　　　　　　　　　　　75
　4　슈퍼 맘의 슬픔　　　　　　　　　　　81
　5　그림책이 품은 엄마의 사랑　　　　　87
　6　나는 나일 뿐이야!　　　　　　　　　93
　7　나만의 비밀 친구　　　　　　　　　　99
　8　주체적으로, 나답게　　　　　　　　　105

3。 감정의 매듭을 풀어가는 여정

1 내 마음이 머무는 곳   113
2 안아주기, 버텨주기   118
3 진정한 소통은 핑퐁이 필요해   124
4 네 감정에 이름 붙여 봐   130
5 나에게 스트로크해 주기   136
6 피할 수 없으면 즐겨라   142
7 엄마의 큰 선물   147
8 육아는 감정 레이스   153

4。 가족 관계, 그림책으로 다시 쓰다

1 할아버지가 그랬어!   161
2 그림책 함께 읽어요   167
3 싫으나 좋으나 우리 가족   173
4 말이 눈에 보인다면   179
5 관계의 비밀   184
6 작은 가슴이 외치는 소리   190
7 용서, 미래로 나아가는 징검다리   195
8 인생은 정말 굉장하다니까!   201

5。 그림책으로 성장한 아이는 세상이 두렵지 않다

1	지금의 나로 충분하다는 것	209
2	역경은 이젠 안녕	215
3	네 몫은 진짜 대단해	221
4	그랬구나! 속상했구나!	226
5	엄마의 엄마가 준 사랑	232
6	제2의 이름, 미아 햄	237
7	행복한 나를 만나는 마음 여행	242
8	미래를 여는 용기와 지혜	248

마치는 글 　　　　　　　　　　　　　254

부록　감정을 치유하는 그림책 가이드　259

* 일러두기

단행본의 제목은 『 』으로, 그림책의 제목은 < >으로 묶었습니다.

들어가는 글

　이야기가 너무 좋아 밤을 지새우고 마지막 책장을 덮어야 잠이 들었던 독서광인 한 소녀가 있었어요. 글짓기 수상을 휩쓸었던 그 아이는 초등학교 시절 친구들에게 이야기를 들려줄 재미로 학교 가는 게 큰 낙이었답니다. 그렇게 이야기를 만들고 나누는 게 삶의 일부였고, 자연스럽게 이야기꾼으로 성장했어요. 시간이 흘러 어른이 되었고, 결혼 후 두 아이를 키우면서 그림책을 통해 이야기를 들려주는 사람이 되었어요. 그렇게 20여 년, 가족에게도 그림책은 깊이 자리 잡아 아이들을 키우는 데 큰 역할을 해주었답니다. 그리고 지금도 변함없이 그림책과 함께 숨 쉬며 살아가고 있어요.

　그림책 심리 치유 지도사로 활동하며 학교 현장과 개인 상담에서 아이들을 만나는 동안 중요한 깨달음을 얻었어요. 상처받은 아이들의 내면에 자리 잡은 아픔의 근원은 가정이라는 것! 가정 안에서 올바른 양육의 과정이 이루어지지 못한 아이들은 내면 깊숙이 상처와 고통, 불안, 분노, 트라우마, 두려움과 외로움 같은 감정들을 품고 있었어요. 그 아이들과 그림책으로 소통하며 이러한 감정을 마주하게 되었고, 더욱 깊이 고민하며 끊임없는 상담과 치유의 시간을 보내게 되었어요.

현장 경험이 쌓일수록 '가족 심리 치유'에 대한 그림책 에세이를 써야겠다는 의지가 점점 더 강해졌어요. 마치 숙제를 마치지 못한 채 잠들 수 없는 어린 학생처럼 말이죠. 아이들과 집단 상담을 진행하면서 자연스럽게 '부모 교육'의 필요성을 절실하게 느꼈어요. 그래서 담당 선생님께 집단 상담 후 부모 교육을 위한 시간을 마련해 달라고 요청했어요. 무모한 요구일 수도 있었지만, 변화된 아이들의 모습은 학교와 가정 모두가 알아차리게 되리라는 확신이 있었기 때문이에요.

지금껏 많은 심리 치유 이론서를 공부하며 저 자신에게 물었어요. '배운 것을 이론으로만 남겨 둘 것인가?' 진정한 치유는 아이들이 많은 시간을 보내는 가정에서 이루어져야 한다는 사실을 깨달았어요. 가정의 정서적 환경과 올바른 양육의 과정이 어떠한지를 자세히 살펴보았어요. 그 부분을 지나치고는 아무리 훌륭한 그림책 심리 치유 집단 상담이 이루어진다 해도 충분한 효력을 발휘하기 어려울 거라 느꼈어요. 아이들은 가정에서 겪는 복잡한 감정의 변화와 스트레스를 안고 가정 밖으로 나옵니다. 내면의 문제를 해결하지 못한 채 이곳저곳에서 전전긍긍하고 있죠. 풀리지 않는 감정의 응어리를 고스란히 껴안고 세상이 원하는 가면을 쓴 채 자신의 그림자를 바라보며 고개 숙여 걸어가고 있었어요.

그래서 그림책과 함께한 현장 경험을 바탕으로 가족 심리 치유의 본질적인 부분을 써나가야겠다고 마음먹었어요. 그 중심에는 언제나 그림책의 위력이 함께해 주었답니다. 그림책을 통해 성장해 나가는 삶을 살고, 위로받으며 용기를 얻을 수 있었어요. 이제 그림책이 있기에 가능하게 했던 가족 심리 치유의 거대한 강으로 흘러 들어가려 해요. 가족이라는 작은 시냇물 줄기가 어떻게 모여 거대한 강을 이루는지, 그 여정을 시작해 볼게요. 결코 멈출 수 없는 길이기에, 아이들과 함께 울고 웃으며 나눈 이야기를 전해 드리려 해요.

현장에서 직접 겪었던 소중한 시간, 아이들과 마주하여 손을 잡고 대화하고, 마음을 헤아리며 공감했던 순간을 잊을 수가 없어요. 그림책을 통해 아이들은 많이 성장했고 더불어 가족들과도 깊이 이해하는 유대감을 형성하게 되었어요. 그림책 속 따뜻한 이야기가 정서적 안정과 상상력을 선물하고, 부모에게는 자녀의 마음을 들여다볼 기회를 주었어요. 조부모님께는 어린 시절을 떠올리게 하며, 아이들에게 크나큰 사랑을 전해 주었죠. 이처럼 그림책은 세대를 넘어 공감할 수 있는 다리가 되어줍니다. 그림책 속 이야기 하나하나가 가족에게 특별한 치유의 순간이 되어줄 거예요.

이제 그림책은 아이와 부모를 연결하는 단단한 고리가 되어 어떤 풍파에도 흔들리지 않는 노가 되어줄 겁니다. 아이들도 부모님들도 건강한 가족 구성원으로서 함께 균형을 맞춰가며 세상 밖으로 힘차게 노를 저어 나가길 바랍니다. 변화는 두려울 수 있지만, 변화된 모습은 늘 감동을 안겨 줍니다. 우리는 두려움을 떨쳐 내고 거침없이 서로에게 자신의 고민과 아픔, 상처를 솔직하게 내보여야 해요. 그래야만 상처의 원인을 찾을 수 있고, 복잡하게 얽히고설킨 실타래를 풀어낼 수 있어요. 그 순간, 삶의 기쁨이 주는 카타르시스를 경험하게 될 거예요. 감추고 숨겨두었던 아픔의 조각들을 하나씩 꺼내어 햇볕에 말리고, 그 상처를 따뜻하게 보듬어주어야 해요. 그렇게 강해진 아이들과의 포옹이 세상에서 가장 뜨겁길 기도해 봅니다.

이 글을 읽고 있는 동안 끊임없이 질문해 보길 바랍니다. '우리 가족은 과연 안녕한가?'

그림책이 내미는 손을 잡고, 아이들의 마음속 깊은 곳을 향해 헤엄쳐 다니며 숨겨진 보석들을 많이 캐어 올리기를 바랍니다. 그리고 그 순간, 눈을 맞추어 따뜻한 미소로 응답해 주세요. "너희들은 세상에서 가장 빛나는 보석이야."

그 미소는 보이지 않는 값진 유산이며 아이들에게 평생을 두고 지켜야 할 정신적 가치가 될 것입니다. 아이들은 그걸 반드시 증명해 보일 거예요. 자, 이제 그림책이 내미는 손을 잡고 아이들의 세상으로 노 저어 나아가 봐요.

2024년 7월 강하고 뜨거운 태양 아래서

朴 夏

1.

내면세계를 비추는
가족이라는 거울

가족은 나 자신을 비추는 거울입니다.
가족 안에서 우리는 사랑과 갈등, 이해와 오해를 경험하며,
그 과정에서 가족 모두의 내면을 마주하게 됩니다.

1
왕좌를 빼앗긴 황태자

만남 첫 시간, 큰오빠와 여동생이 티격태격 실랑이를 벌입니다. 날카로운 오빠의 눈빛에는 불안과 분노가 서려 있어요. 말을 잇지 못하는 여동생이 억울한 표정으로 서럽게 저를 바라봅니다. 단순한 감정 다툼이 아니라는 걸 직감했어요. 아이들은 자주 다투고 싸우지만, 그 순간만큼은 목숨을 건 사건처럼 여기곤 해요. 부모의 중재와 역할이 얼마나 중요한지 다시금 깨닫게 됩니다.

한 달이 지나면서 오래 묵혀 두었던 감정 응어리를 풀 기회가 생겼어요. 부모의 서로 다른 양육 태도가 가져온 참사였죠. 초기에는 수업이 끝난 후 어머니와 상담 시간을 더 길게 가지며 수업과 관련한 내용을 나누었지요. 저는 문제의 원인을 추적해 나가고자 했었죠. 정성을 기울인 덕분일까요? 지금도 놀랄 때가 있답니다. 제가 그림책을 공부하고 현장에서 역량을 발휘하려는 열정은 그 누구도 막을 수가 없었어요.

오누이 갈등의 핵심은 두 가지였어요. 하나는 부모의 상반된 의사소통 방식이고요, 다른 하나는 일관되지 않은 교육 방식이었죠. 아이들은 혼란을 겪으며 서로를 탓하거나 원망과 미움의 생채기를 키워가고 있었던 거예요. 부모 상담과 아이들을 따로 만나는 시간을 가졌어요. 점점 실타래의 엉킨 부분의 가운데로 들어갔지요. 라포를 형성하기 위해 야외로 나가 자연 속에서 편안한 분위기를 만들어주었어요. 형제자매의 갈등을 다루는 그림책을 함께 읽으며 적대하는 오누이의 이야기를 듣게 되었어요. 가슴 속에서 응어리진 오빠의 울분과 외로움, 고립감이 깊이 드러나기 시작했어요. 그로 인한 복받친 눈물을 마주하게 되었답니다. 오열하며 얼마나 서럽게 울었는지, 가슴이 너무도 미어져 왔어요.

첫째였던 오빠는 막내 여동생에게 많은 분노의 감정을 품고 있었어요. '왕좌를 빼앗긴 황태자' 이상의 엄청난 울분과 아픔, 상처를 안고 있었던 거죠. 큰아들로 태어나 모든 사랑을 독차지하다가 늦둥이 막내가 태어나자 모두의 관심과 사랑을 잃었다고 느낀 거예요. 더군다나 조부모는 큰아들밖에 몰라 그 사랑이 대단했다고 했어요. 세상이 끝난 듯한 절망감 속에서 오랜 시간 홀로 버텨야 했지요. 토해내는 울음이 모든 걸 말해 주었어요. 실컷 울고 난 오빠는 처음으로 후련한 마음이 든다고 고백하더군요. 누군가에게 터질 것 같은 심정을 얼마나 말하고 싶었을지 짐작할 수 있었답니다. 누구라도 귀 기울여 들어주기만을 얼마나 기다렸을까요?

"얼마나 힘들었니? 혼자 얼마나 외로웠니? 홀로 견뎌내느라 애썼다."

여동생들과도 각각 다른 그림책으로 이야기를 나누었고, 속마음도 들어볼 수 있었어요. 둘째는 관심받기 위해 고군분투하고 있었고 막내는 말 그대로 재롱둥이로 천진난만한 모습을 보였어요. 놀라운 것은 부모님의 태도였는데요. 늦게 얻은 막내에게는 무조건적인 사랑으로 가득한데, 첫째와 둘째에게는 엄한 훈육과 질책이 이어졌어요. 어머니가 윽박지를 때면 아버지는 아예 입을 닫아버리곤 했죠.

셋이 다 같이 하는 수업이었으나, 이후 방법을 달리하기로 했어요. 각자의 상황에 맞는 다양한 그림책으로 솔직한 감정을 나누었지요. 우선 부모에게는 <두 사람>과 <언제나 너를 사랑해>라는 두 권의 그림책을 권해 드렸어요. 근원적인 서로의 다른 모습을 알고 서로를 이해하는 시간을 가져볼 수 있거든요. 각자 다른 장점을 가진 자녀들에게 교육적인 효과를 얻을 수 있기 때문이었죠. 그리고 두 분이 얼마나 자녀들을 사랑하는지 느낄 수 있도록 말이에요. 각자 서로의 감정을 노트에 적어보게 했어요. 합일점을 찾고 일관된 교육 방식을 위한 가족 규칙을 정하도록 했죠. 그런 노력이 쌓이자 두 분의 대화 방식도 서서히 달라졌어요. 드디어 입을 닫아버렸던 아버지가 말문을 열었어요. 잔소리가 많다며 아이들의 불만을 샀던 어머니는 경청하기 시작했고요.

앤서니 브라운의 <터널> 그림책으로 이야기 나눈 날, 첫째는 여동생에 대한 애정을 되찾았어요. 성격이 다른 오빠와 여동생이 터널을 지나면서 겪는 환상적인 여행을 통해 형제애를 깨닫게 되는 것처럼요. 첫째는, 두려움을 이겨내고 오빠를 위해 터널로 뛰어드는 여동생을 꼭 안아준 오빠와의 장면에 시선이 멈췄어요. 사람과 사람 사이에 다가가는 용기와 서로를 알아가는 공감의 중요성을 깨달았어요. "선생님, 마음이 후련해요. 저는 저 자신을 먼저 사랑하는 법을 배우게 됐어요. 그러니 동생들에게 아끼고 잘해 줘야겠다는 마음이 절로 생겨나요. 감사합니다." 그 이야기를 듣고 얼마나 기뻤는지 모릅니다. ==가족들의 사랑도 중요하지만, 무엇보다 자신을 사랑하는 마음이 먼저라는 메시지가 전해졌음을 느꼈기 때문이에요. 아이들이 다름을 인정하며 조화와 화합을 이루어가길 진심으로 빌어봅니다.==

둘째에게는 <피터의 의자>를 함께 읽으며 동생을 경쟁자가 아닌 베풀 수 있는 귀여운 '동생'으로 받아들이도록 도와주었죠. 이후, 동생에게 자기가 아끼는 물건을 선뜻 내어주는 의젓한 모습을 보여줬어요. "갖고 싶은 게 있으면 말해. 언니가 줄게."라고 말하는 변화를 보여주었어요. 이전에는 이런 모습을 상상할 수 없었다고 해요. 새로운 사실이나 능력을 깨달았을 때 정신적인 성장을 가져온다는 것을 알게 해준 감격스러운 순간이었어요.

어머니와 함께 그림책을 읽는 날을 정했어요. 아이들과 둘러앉아, <조금만>을 읽고 난 후, 편지를 보내고 싶은 자녀를 정해서 글을 쓰는 시간을 가졌어요. 어머니와 큰아들은 서로의 마음을 헤아려보게 되었던 거죠. 큰아들도 느끼는 바가 많았지만, 어머니가 감격스러운 눈물을 보였어요. 큰아들의 마음을 알아주고 사랑을 자주 표현해 주기 시작했어요. 아주 흐뭇한 기억을 남겨준 사례였답니다. 어릴 적 보여주었던 큰아들의 의젓함을 떠올리며 눈시울을 붉혔어요. 동생을 보살피느라 여념이 없는 엄마에게 '조금만' 안아달라고 말하는 장면이 있었거든요. 심리적 치유의 힘을 다시 한번 실감했어요. 아마도 그림책 심리 치유를 계속해야만 하는 이유가 이런 것 때문이 아닐까 생각해 봅니다. 강력한 긍정의 에너지가 그림책 속으로 계속 빠져들게 한답니다.

심리학자 아들러는 출생 순위에 따라, 인간이 어떤 행동을 하게 만드는 가장 큰 심리적 원동력이 '열등감'이라고 주장했어요. 모든 인간은 열등감을 지니고 있으며 이를 극복하기 위해 노력하게 되는데요. 이것이 인간의 성격과 생활양식에 큰 영향을 미친다는 거예요. 미국의 심리학자이자 개인의 성격 발달을 연구한 프랭크 설로웨이도 자신의 저서 『타고난 반항아』에서 출생 순위가 성격에 미치는 영향을 강력하게 주장했어요. 부모의 사랑을 두고 형제자매가 벌이는 경쟁 속에서 각자의 전략을 구사하며 성격을 형성해 나간다는 것이죠.

자신이 믿고 따르는 부모가 아이들 세상에서는 가장 거대한 강과 같아요. 작은 물방울과 같은 자신을 시냇물이 되게 해주며 멈추지 않고 흘러가게 해주니까요. 아이들은 본능적으로 알고 있답니다. 자신에게 가장 강력한 힘을 불어넣어 주는 존재가 부모라는 것을. 그러니 반드시 기억해야 할 것이 있어요. 아이들의 '위대한 탄생'의 순간이에요. 아이가 태어남으로 인해 느끼게 되는 부모의 큰 기쁨을 잊지 않도록, 집 안 곳곳에 아기 때 사진을 붙여두는 것도 좋은 방법이에요. 아이들이 태어났기에 부모로서의 삶을 배워간다는 사실을 다시금 떠올리면서. 가족이 함께 성장하는 길을 걸어가길 바랍니다. 사진을 바라보며 저절로 새어 나오는 웃음을 감출 수가 없을 거예요. 그게 바로 가족 사랑이니까요!

이렇게 실천해 보아요

1. 각자의 감정을 적고, 부모는 "그렇구나!"라고 공감 어린 경청을 실천해요.
2. 출생 순위와 가족 갈등을 다룬 그림책을 함께 읽으며 감정을 나누어요.
3. 부모와 의견이 다를 때 일관성 있는 규칙을 정하고 실천해요.
4. 아이의 탄생 순간의 기쁨을 기억하도록 아기 때 사진을 활용해요.

2
외동아이가 품은 애착의 깊이

 초등 저학년에 만나 어느덧 예비 중학생을 앞둔 외동이 Y의 이야기를 나누려고 해요. 처음 만났을 때, 지나치게 보호받고 관심을 받는 모습이 눈에 띄었어요. 낯가림도 심하고 친해지기 어려운 성격이라고 말해 주더군요. 그러나 의외로 표현력도 뛰어났고 가까워지는 데 오래 걸리지 않았어요. 아이들은 가정 안과 밖에서 다른 모습을 보일 때가 많다는 걸 알 수 있었죠. Y는 외동아이들이 흔히 갖는 특성을 여러 면에서 보여주었어요. 문제는 엄마와의 애착 관계가 유독 심하다는 점이었어요. 건강한 분리가 이루어져야 하는데, 여전히 엄마가 전부인 세상에서 사는 것만 같았죠. 어디를 가든 엄마와 연락이 닿지 않으면 극도의 분리 불안을 느꼈고 확인될 때까지 안절부절못했어요. 엄마의 행방을 찾는 데 신경이 쓰여 그림책에 집중조차 할 수 없는 어려운 상황이었어요.

 바로 어머니와 상담을 진행해 나가기로 했죠. 무슨 특별한 사연이 있어서인지 기다렸다는 듯 응해 주셨어요. 엄마와 지나친 집착, 분리 불안, 애착 형성 과정부터 성장 배경에 대해 깊이 있는 이야기를 나누었어요. 비로소 아이의 행동을 이해하게 되었죠. 어떻게 방향을 잡고 심리 치유가 이루어져야 할지 알게 되었어요. Y는 주로 만나는 사람들이 어른들뿐인 환경에서 자랐어요. 어른들과 대화하고 어른이 하는 말만을 들었어요. 어른들이 하는 표현을 그대로 따라 하게 되었던 거죠. 일찍 철이 들어버린 거 같았어요. 흔히 '부모화된 아이'라고 하는 심리학적 용어에서 알 수 있는 것처럼요. 어머니가 바라는 모든 것을 수긍하고 맞추며 행동하다 보니 정작 아이다운 모습을 찾기가 어려웠어요.

가장 기억에 남았던 어머니의 말은 또래 친구들과의 관계를 어려워한다는 점이었어요. 친한 친구도 거의 없었지만 설령 친구들이 집으로 놀러 온다 해도 따로따로 논다는 거예요. 음료수와 간식을 먹고 나면 그냥 가버리는 친구들. 아이를 위해 온 게 아니라, 쉴 데가 필요해 거쳐 가는 곳 정도로 생각한다는 것이었죠. 이것을 눈치채지 못한 아이는 자기를 좋아해서 놀러 온 것으로 믿고 있었어요. 친구들과의 관계보다는 유독 엄마와의 시간을 갖고 싶어 한다고 덧붙입니다. 그러니 자연스럽게 또래 집단에 적응하기 힘들었어요. 결국 학교 가기를 거부하는 상황까지 이르게 된 거죠. 학교 앞까지 같이 가도 선뜻 들어가지 못해 엄마도, 아이도 매번 울었다는 거예요. 이런 문제점은 며칠 동안 계속해서 반복되었어요.

아이들은 엄마와 함께 있는 시간을 좋아하며 편안함을 느끼기 마련이죠. 발달단계에 따라 서서히 자연스럽게 건강한 분리가 이루어져야 하는데 말이에요. 안정 애착이 형성됨에 따라 부모와 아이가 멀어지게 되는 것이 우리의 성장 과정이라고 할 수 있죠. <엄마의 선물> 그림책을 보고 이야기를 나누는 과정에서 아이의 모든 화제는 '엄마' 이야기에만 국한되어 있었어요. 그림책을 읽고 나누는 모든 표현이 엄마를 중심으로 이루어졌거든요. 그때 가장 행복해하는 모습을 보였어요. 상담 과정에서 그럴 수밖에 없었던 탄생 배경과 성장의 비밀을 들었어요. 아이가 생명의 위협을 느끼던 순간 본능적으로 잡았던 게 엄마라는 존재였다고 했어요. 엄마 또한 마찬가지였어요. 그러니 그 손을 아직도 놓지 못하고 그런 불안감 속에서 안정을 찾고 싶은 욕구가 자리 잡게 되었죠.

우선 학교 가는 문제부터 해결하기로 했어요. 친구 관계를 개선하고 학교에 재미를 붙일 수 있도록 돕는 과정이 필요했어요. 학교 가는 걸 거부하는 태도부터 바꾸어나갔어요. 친구와의 관계를 다루는 많은 그림책 프로젝트가 시작되었어요. 친구에 대한 이해도를 넓혀 주기 위해서였죠. 해결책으로 친구 생일에 초대받기, 또래들과의 동아리 활동, 소통 창구 만들기, 친구와 우정 쌓기 놀이 등을 진행했어요. 친구와 관련된 하고 싶은 모든 활동을 구상해 보기로 했지요. <친구에게>라는 그림책에서 감명 깊은 울림을 받은 날, 엄마에게 먼저 그 감정을 나누고 싶어 했어요. 건강한 분화를 만들어가는 과정이 시작되었답니다. 어머니도 안심했고, 서서히 좋아져 갔어요. 친구들과 함께 시간을 보내면서 어머니만의 시간도 갖게 되었답니다.

Y가 보내온 편지를 지금도 소중히 간직하고 있어요. "제게 엄마라는 존

재는 태어나서 어른이 될 때까지 올바르게 성장하도록 한 걸음 한 걸음 내디디면서 다치지 않도록 해주었어요. 쓰러져도 다시 손을 잡고 일어설 수 있도록 옆에서 지켜보며 보호해 주는 분이에요. 제가 바르게 잘 성장할 수 있도록 한결같이 이끌어주시는 분이랍니다." 부모에게 이토록 아름다운 찬사를 할 수 있다는 것이 놀라웠어요. 어머니도 부쩍 성장해 나가는 아이의 모습에 감사하다는 마음을 전하더군요. 참으로 보람된 순간이었어요. 제가 권해 준 어머니와 친구의 교환일기는 지금도 꾸준히 이어지고 있답니다.

존 볼비는 초기의 '애착 형성'이 인간 본성의 가장 중요한 기본이 된다고 했어요. 애착 형성이 제대로 이루어지지 않으면 아동기뿐 아니라 성인기의 여러 가지 정신 질환의 원인이 될 수 있다는 이론을 정립했어요. **애착이란 주변 사람들과 밀접하게 연결된다고 느끼는 정서로 특정 존재와의 애착이 인간관계의 바탕이 되어주어요. 타인과 원만한 관계를 맺는 데 도움을 주거든요. 그만큼 건강한 애착 형성이 아이들의 삶에서 매우 중요한 역할을 합니다.** 온실 속에서 자란 화초가 온실을 벗어나면 바로 시들어 말라버리듯이, 아이들의 내면을 강하게 키우기 위해서는 좌절과 슬픔, 시련도 거쳐야 해요. 그래야 더 단단해질 수 있거든요. 홀로 독립하지 못하는 아이를 보면 안타깝지만, 아이의 선택을 믿고 지켜봐 주는 것이 중요해요. 실패했을 때 따뜻하게 안아주면 넘어졌다가도 다시 일어나 세상을 배워나갈 수 있어요. 사랑이 바탕이 된 관계는 단단한 애착이 형성됩니다. Y가 제게 보내준 편지글처럼 살아나가는 데 힘을 얻게 되는 것이죠. 그런 애착의 힘을 통해 남들과도 어떻게 관계를 맺어야 하는지 배우게 되었죠.

Y가 친구를 사귀는 게 어려운 일이 아니었어요. 단지 엄마와 보내는 시간이 많다 보니, 또래 친구들과의 시간이 부족했던 것뿐이었어요. 친구를 만들어주고 스스로 어떤 친구가 되어주어야 하는지에 대해 그림책 <친구란 뭘까?> 속의 주인공들을 보면서 알아갔지요. "나와 전혀 다른 친구, 내가 부족하지만 기다려주는 친구, 멀리 있어도 찾아가 주는 친구, 도무지 이룰 수 없을 것 같은 꿈을 이루도록 도와주는 친구가 되고 싶어요."라고 말해 주었어요. 친구를 위한 진심을 읽을 수 있었답니다. 우정이 얼마나 따뜻하고 아름다운 감정인지 깨닫게 된 순간이었어요. 이후, 친구들과 어울리면서 학교에 가는 것도 수월하게 되었죠. 다른 친구들에게서 느끼는 타인에 대한 의지를 갖게 되면 분리 불안의 감정도 줄어들 수밖에 없답니다.

심지가 굳어진 Y는 내면의 힘을 제대로 발휘해 주었어요. 앞으로는 가정 밖, 학교, 학원 또는 먼 미래 사회에 나가서도 마찬가지일 거예요. 관계가 어렵더라도 회복해 나갈 것이고 상처받더라도 이겨낼 용기를 내어 다가서기 때문이죠. 지금도 우리는 꾸준히 그림책으로 함께하고 있어요. 오랜 시간이 흐르며 무르익은 우리의 우정도 색깔만 다를 뿐 또 다른 '친구'의 이름으로 기억되겠지요. 다음 시간이 기다려진다는 말을 들을 때마다 열정이 샘솟아 올라와요. 그림책 공부를 참 잘한 것 같다는 생각이 저를 미소 짓게 합니다.

이렇게 실천해 보아요

1. 또래와의 활동을 장려하고, 친구의 입장을 이해할 수 있는 그림책을 활용해요.
2. 부모와 독립된 시간을 계획하고, 서서히 혼자서도 안정감을 느낄 수 있도록 도와주어요.
3. 부모와 감정을 나누는 교환 일기 등을 통해 서로의 마음을 이해하고 지지해 주어요.

3

있는 그대로의 나를 인정해요

앳되고 어린 모습인데도 수단과 방법을 가리지 않고 잘해 내려고 안간힘을 쓰는 여학생을 만났어요. 언어에 뛰어난 재능을 가진 친구였지만, 아이를 둘러싼 환경은 경쟁과 승부의 연속이었어요. 어릴 때부터 빽빽한 일정을 소화하느라 지쳐 있었죠. 한창 뛰어놀아야 할 시기인데 말이에요. 에너지 넘치는 친구였거든요. 자발적인 의지가 아닌 외부에서 만들어진 자아성취감은 오래 지속되기가 어려운 법이에요. 외부적인 동기부여가 항상 필요했답니다.

첫 만남에서부터 모든 걸 잘할 수 있다는 자신감으로 꽉 차 있었어요. 그러나 모든 걸 완벽하게 해내기에는 한계가 있었고, 점차 스트레스를 받기 시작했어요. 눈덩이처럼 커져 감당하기 어려운 지경에 이르렀죠. 어머니는 알고 있으면서 묵인하고, 강하게만 내몰았어요. 그야말로 스파르타식 교육법이라 할 수 있었어요. 다행히 그림책 심리 치유 시간을 좋아했고 가장 기다리는 시간이라고 말했어요. 지치고 힘든 자신을 위로해 주고 있다는 것을 깨닫고 있었죠. 우리는 <짧은 귀 토끼>를 통해 자신의 숨은 잠재력을 찾아내고 이것을 발판으로 삼아 우월감으로 가는 에너지를 얻게 되는 이야기를 나누었어요. 주인공 동동이가 자신의 열등감과 정면으로 마주 서서, 있는 그대로를 받아들이고 위기를 넘기는 과정에서 진정한 가능성을 발견하게 되는 이야기처럼요. 열등감을 극복하기 위해 쏟은 인정 에너지가 곧 자신의 가능성을 발견한 씨앗이 되어준 거예요. **열등감을 추진력으로 삼아 모자란 점을 채워나가다 보니 더 성장하고 자기실현을 이루게 되었죠. 아이가 자기 자신을 있는 그대로 인정하게 된 소중한 그림책이었답니다. 스스로 인정하고 재능을 발견하는 과정에서 진정한 성장이 이루어지는 법이니까요.** 그래서 부모의 강압이 아니라 자발적인 태도가 중요하죠.

그런데 3년째 만나오던 중 심각한 문제가 발생했어요. 잘하려는 욕심을 부리다 보니 어른들을 속이고 있었어요. 주어진 숙제를 미루고 불리한 상황을 숨기려 들었어요. 거짓말과 핑계를 대는 모습이 나타나기 시작했어요. 눈치챈 부모님께 "나쁜 습관이 굳어지기 전에 빨리 바로잡아 줘야 해요."라고 말씀드렸죠. 부모의 과도한 기대와 욕구에 맞추려다 보니 생겨난 태도라고 덧붙였어요. 아이들의 거짓말은 부모에게 잘 보이려고 하는 데서 시작돼요. 기대에 부응하려 하다 보니, 나쁜 결과를 받아들이지 못한 데서 오는 심리 상태였죠. 거짓말과 핑계, 변명, 다른 탓을 하는 부정적인 요소들로 속이기 시작하는 것이죠. 아이들의 거짓말은 부모에 대한 두려움 때문인 경우가 많아요. 거짓말과 관련된 사례를 다룰 때, 엄격한 부모의 지나친 훈계나 체벌이 있었다는 걸 경험상 알고 있었으니까요. 그림책 속 이야기를 나누면서 놀라운 진실을 알게 되었어요. 하라는 대로 따르지 않으면, 체벌뿐만이 아니라 자신을 버리거나 지금의 호사를 누리지 못하게 하겠다는 말로 겁박하기도 했다는 거였어요. 잘해야만 한다는 강박관념이 엄청난 스트레스로 다가왔을 거예요. 아주 심각한 문제였죠. 특히 엄마의 끊임없는 채찍질과 강압 속에 시달리며 빽빽한 일정을 다 해내려다 보니, 지쳐만 갔고 한계점에 다다랐던 거예요.

<오늘도 너를 사랑해>와 <언제나 네 곁에 있을게> 그림책을 보여주었어요. 마지막 책장을 덮고, 아이는 스스로 위로받았고 표정이 편안해지는 모습이 보였어요. 더불어 저도 안도의 한숨을 쉴 수 있었죠. "지금 네가 잘못한 것이 아니야, 너의 잘못이라고 말하는 사람은 아무도 없단다."라고 다독여 주었지요. 다만 거짓말을 하는 일은 반드시 멈추어야 한다고 타일렀어요. 지금도 충분히 너는 잘해 내고 있다는 말에 눈물을 흘릴 만큼 인정 욕구가 강한 아이였어요. 열등감을 드러내고 있으면서도 마음 한편에 강한 우월감을 느끼고 있었어요. "저는 뭐든 잘하고 싶고 칭찬받고 싶어요."라고 솔직한 마음을 털어놓았어요. 지금까지도 뛰어나게 잘해 온 아이에게 쉬지 않고 채찍질해 왔으니 아이의 영혼은 쉴 틈이 없었죠. 경쟁만이 가득한 현실 속에 안타깝고도 비통한 교육 현실을 마주했던 시간이었어요. 정규 교육과정에 '그림책 심리 치유 집단 상담'이 포함되었으면 하는 바람이 간절했답니다.

'우리는 누구나 무기력한 존재로 태어나 성인에게 의지하여 살아가므로, 누구든지 열등감을 가지고 있다.'라는 말이 있어요. 건강한 사람은 현실적이고, 적절하며 사회에서 통용되는 방식으로 자신의 열등감을 보상받아요. 그 과정에서 진보하고, 성장하며 발달해 나가죠. 정신의학과 뇌과학 분야 전문가로 주목받고 있는 오카다 다카시의 『애착수업』에서는 경청하고 지지해 주는 단 한 명만 주변에 있어도 된다고 강조하고 있어요. 아이들은 사랑과 지지를 받을 때 비로소 성장해 나갈 수 있거든요. 그래서 특정 양육자와의 애착은 매우 중요하다는 사실을 시사해 주고 있어요. 열등감이 있거나 우월감을 추구해 나가는 친구들은 같은 맥락에서 깊이 상처받고 있어요. 둘 다 마음의 중압감을 느끼고 있는 거죠. 부모 상담을 집중적으로 하면서 몰입해 들어갔어요. 만남을 갖는 동안에 부모의 속마음도 알게 되었어요. 자신이 못다 이룬 학벌에 대한 지나친 욕심이 마음속 깊이 자리 잡고 있었어요. 그러니 아이에게 많은 것을 요구하고 있었던 거죠.

"모든 스트레스와 거짓말, 이상행동을 조심스럽게 다뤄나가야 해요. 멈추도록 하는 것이 급선무입니다. 함께 변화 과정을 기록해 나가요. 그리고 반드시 성취 과정마다 칭찬해 주세요. 예상치 못한 긍정의 에너지를 뿜어낼 거예요. 특히 칭찬에 목말라 있으니 효력이 크게 나타날 겁니다."라고 말씀드렸죠. 이런 경우에는 비난의 횟수를 줄이고 칭찬과 격려의 빈도를 늘려야 합니다. 지시를 내리기 전에 지시해야만 하는 일인지, 스스로 결정할 수 있는 일인지를 파악해야 했죠. "자립적으로 결정할 수 있는 일이라면 아이에게 결정권을 넘겨주는 것이 좋아요."라고 말하자, 어머니는 바로 수궁하고 받아들여 주었어요. 시간이 흐르자, 아이의 표정과 학습 태도까지 좌우될 만큼 밝아지기 시작했어요. 학습 효과는 물론이거니와 엄마와의 관계도 회복되었죠. 충분히 자발적으로 해나갈 수 있는 아이였던 겁니다. 선물로 드린 <언제까지나 너를 사랑해> 그림책을 안고 미소 짓던 어머니의 모습이 참 아름다웠어요.

일주일에 두 번씩 그림책 수업을 늘리기로 했어요. 이 시간만큼은 안정적이고 긍정적인 감정을 유지할 수 있도록 세심하게 신경을 썼어요. 연필로 종이를 내리 찌르거나 지우개를 물어뜯던 분노의 감정이 현저히 줄어들었어요. 열등감을 바탕으로 만들어진 공격적 성향을 보였었거든요. 허풍, 과장, 거짓말 등의 과도한 행동이 가득했었어요. 화풀이했던 버릇없는 행동들에 대해서 뉘우치기 시작했고요. 무례하고 삐뚤어져 있는 태도를 바로잡아 주는 인성 교육의 시간이었죠. 인성 주제를 위한 많은 그림책을 추가하여 프로그램화해서 매주 변화를 살펴보기로 했어요. 서서히 효력이 나타나기 시작했어요. "화가 날 때마다, 버릇없게 굴어서 죄송해요, 선생님! 저도 그런 제가 싫었어요."라며 솔직하게 말해 주었어요. 스스로 뉘우치는 거예요. 잘못을 인정하고 난 후에 "감동적인 이야기를 따뜻하게 말해 주는 선생님이 좋아요!"라는 표현도 자주 해주더군요. 아이 스스로 변화를 알아차리는 동안에 더 이상 속이려 들지 않았죠. 결과보다는 과정을 즐기는 아이다운 모습으로 되돌아왔답니다. 열등감을 건강한 에너지로 바꿔 쓰는 능력을 키워주었어요. 그림책으로 한 아이가 달라졌답니다. 홀로 불안 속에 떨지 않도록 위로해 주는 좋은 어른이 필요하다는 걸 느끼는 순간이었어요. 지금은 아이를 호통치고 윽박지르던 어머니의 얼굴은 찾아볼 수 없어요. 따뜻하고 온화한 미소가 오늘도 아이에게 햇살처럼 내리비치기를 간절히 바라며 문을 나섰어요.

누군가의 사랑으로 우리는 자라고, 우리는 그 사랑을 누군가에게 나누어 줍니다. 그렇게 이 세상 사랑의 질량은 보존되나 봐요. 우리는 아이를 키우면서 많은 것을 배웁니다. 대가를 바라지 않는 사랑, 무조건 주고 싶은 사랑을 아이를 통해 배우는 것이죠. 우리가 받은 사랑을 떠올리며, 다시 아이에게 그 사랑을 건네는 것이겠죠!

> **이렇게 실천해 보아요**
>
> 1. 아이의 자율성을 존중하고 스스로 선택하게 하여 책임감을 길러주어요.
> 2. 비난을 줄이고 작은 성취에도 칭찬과 격려를 아끼지 않아요.
> 3. 그림책을 활용한 심리 치유로 아이의 감정을 공감하고 안정감을 느끼게 해요.

4

사춘기 아이를 바라보는 따뜻한 시선

　가정 안의 대화가 5분을 넘기지 못하는 경우가 많아요. 원활한 소통을 위해서는 아이들의 말에 귀 기울여야 해요. 잘 들어주는 연습이 필요합니다. 이야기에 귀 기울이고 마음으로 들어 주는 거죠. 진심으로 공감하며 서로 약속을 지켜준다면 존중받는다는 느낌을 받고 뿌듯해할 거예요. 단순히 듣는 것이 아니라 마음으로 헤아려주어야 합니다. 또한 중간에 끼어들거나 어떤 평가나 판단을 내려서는 안 돼요. 이것이 대화의 시작이자 경청의 기본 태도가 되는 것이죠. 살아온 삶과 상처를 이해하는 마음이 필요합니다. 마음을 이해는 과정에서 감정적 단절은 점차 해소될 수 있답니다.

　아이에게 인생 전부를 걸고 있는 한 어머니를 만났어요. 바라는 거라면 모든 걸 다 해주고 있었어요. 큰아들은 사랑을 독차지하고 있으니 동생을 무시하고 왕처럼 행동하고 있었죠. 사소한 것부터 비싼 것까지 다 해주고 있었어요. 편애도 심해서 무조건 아들 위주였어요. 요구하는 즉시 다 해주는 과잉 부모 이상이었죠. 과잉보호 속에서 자란 아이는 점점 불안과 두려움을 키워갔어요. 결국 청소년기에 들어서면서 중독 현상이 극에 달했어요. 다양한 청소년 문제는 사회적 문제로 대두되는 경향이 많아요. 심리학자들의 공통된 의견도 과잉보호를 첫 번째 문제 원인으로 꼽고 있답니다. 문제의 원인을 찾기 위해 상담이 시작되었어요. 아이는 사춘기가 오자 반항심이 커져만 갔어요. 결국 부모와의 대화는 단절되었답니다. 문제가 무엇인지 상담하면서 원인을 찾아가기로 했어요. 아이는 열등감에 쌓여 있었으며 자아존중감도 떨어져 있는 상태였어요. 올바른 가치관도 형성되지 못한 데다 거짓말로 모든 걸 덮으려 했어요. 극심한 사춘기를 겪고 있었죠. 초등학교 시절에는 시키는 대로 고분고분 따르던 아이가 돌변한 이유는 무엇이었을까요?

상담 중에, 친구들과 맘껏 뛰어놀아야 하는 시기에 늦은 저녁까지 학원을 돌다 밤늦게 집으로 돌아왔다고 했어요. 계속되는 숙제와 엄마가 시키는 학습량에 스트레스를 풀 방법을 찾을 수조차 없었죠. 어린 시절을 공부하느라 놀아보지도 못한 채 고학년이 되었어요. 서서히 친구들과 노는 재미를 알게 되면서 반항이 시작된 거예요. 제멋대로 놀면서 부모와 대화를 피하게 된 거죠. 연구에 따르면 10대의 사춘기는 동성 부모와 많은 시간을 보내는 게 정서적 안정에 중요한 역할을 해준다고 해요. 동성 부모와 함께 있는 시간을 최대한 배려해 줘야 해요. 그러나 독재적인 부모는 지나친 간섭과 강압적인 태도로 문제를 더욱 심각하게 만들었어요. 아이는 독선적으로 지도하는 부모에게 순응해 왔던 거예요.

첫 번째로 엄마뿐만 아니라 가족 간의 갈등을 풀기 위해 <폭풍이 지나가고>를 함께 보기로 했어요. 아들은 그림책을 보면서 가족의 회복력을 느꼈어요. 관계가 나빠져 제각각 흩어져 있던 가족이 거센 폭풍으로 인해 한자리에 모이게 되는 날부터 가족의 일상은 달라지기 시작합니다. 가족 사랑이 얼마나 위대한지에 대한 미담을 덧붙였어요. 이 과정을 보고 난 후 "가장 힘든 순간에는 가족이 곁에 있는 것만으로도 힘이 된다는 걸 알게 됐어요."라고 말했어요. 스스로 가족이 얼마나 소중한지 깨닫고 눈물을 흘렸어요.

양육 과정에서 위협과 폭력에 의해 많은 상처를 받았더군요. 가슴이 먹먹해졌어요. 이후 가족 간 소통의 부재로 갈등을 겪는 그림책들을 찾아 하나씩 읽어나갔어요. 그런 과정에서 많은 사연을 들을 수 있었죠. 들어주기만 해도 서서히 마음속 응어리진 감정을 풀어나가게 되었어요. "엄마의 사랑을 듬뿍 받고 자랐다는 걸 저도 잘 알아요. 저를 위해 주려는 마음도 알고 있어요."라고 말하며 진심을 내비쳤어요. 문제의 핵심은 자식과 동일시하려는 엄마의 양육 태도였어요. 엄마가 못다 이룬 꿈을 아이를 통해 이루려는 잘못된 신념으로 인해 힘들게 만든 거죠. 자녀와 부모는 독립적인 존재인데 분리되지 못한 채 얽혀 있었어요.

어머니가 이루고 싶었던 것은 과연 무엇이었을까요? 못다 이룬 꿈을 아들이 대신 이루었으면 하는 걸까요? 진정으로 잘되길 바라는 마음이었을까요? 자신과 아이의 삶을 건강하게 분화시키지 못하고 자신의 목표를 아이에게서 얻는다고 만족한 삶이 되는지 되묻고 싶었어요. 어머니는 자신의 목표를 아이에게 전가하는 게 올바른 양육 태도인지 돌아보게 되었어요. 자녀와 자신을 분리하는 노력은 쉽지 않은 과정이에요. 관계 회복을 위해서라도 끊임없이 건강한 분화 과정을 거쳐야만 해요.

두 번째로 <달빛 조각>을 읽고 나누었어요. 부모의 삶을 온전히 이해할 수 있는 시간이었고 할아버지 할머니에게서 받은 따뜻한 사랑을 느끼게 해주었다고 말했어요. 붉어진 얼굴은 한층 밝아 보였어요. 몸으로 함께 느끼는 경험은 강렬하게 다가오는 법이죠. 십 대의 감정 일기를 보며 진실을 알게 되었어요. 용기를 내어 손을 내민 변화에 다시 한번 놀랐어요.

세 번째는 엄마의 태도 변화였어요. 아이가 스스로 생각할 힘을 기를 수 있도록 엄마는 믿고 기다려주었어요. 알아서 하는지 참고 기다리는 게 가장 어렵다고 말했어요. 소리 지르고 화를 낼 수도 있었지만 참는 연습을 하기 시작했거든요. 아이도 문제를 해결하려는 의지를 충분히 갖고 있었답니다. 엄마는 아이가 힘겨워하는 시간을 함께 견뎌주었죠. 유난히 <민들레는 민들레> 그림책을 좋아해서 물었어요. "민들레를 자세하게, 여러 번 찾아보고 있는 이유가 있어?"라고 했더니 대답은 놀라웠어요. "주목받고 싶은 민들레였을 텐데도 '설마 거기에?' 하는 곳에서 자기 일을 해내는 듯 씩씩하게 생을 이어 나가는 걸 보았어요. 어떤 환경에서도 생명력을 잃지 않고 피어나는 모습이 저를 뉘우치게 했어요." 모든 생명이 귀하고 가치 있는 것처럼 스스로 존중해야겠다는 대답은 울림이 컸어요. 하찮게 여기며 남과 비교하여 움츠러든 아이가 스스로 마법을 걸고 있었던 거예요. "민들레는 민들레!"라고요. 그림책 속에서 자신을 소중히 여기고 존중하는 마음이 자라났어요.

그림책의 치유 효과로 성장통이 조금씩 나아져 갔죠. 환경도 바꾸어주고 어머님의 거친 말투도 부드러워졌어요. 드디어 대화의 물꼬를 트기 시작했답니다. 십 대 자녀를 둔 부모에게 필요한 것은 애정과 수용이에요. 아이가 가치를 받아들이는 동시에, 행동을 수정해 나가는 방법을 고민했죠. 진심으로 노력하고 협력해 주고 있다는 걸 알고 신뢰하게 되었답니다. 강요가 아니라 스스로 원해서 제 자리를 찾아가게 되었죠. 엄마에게는 <가만히 들어주었어>를 추천해 주었어요. 진심 어린 경청의 자세로 마음을 열고 다가올 수 있도록 기다리는 인내의 이야기죠. 마치 토끼가 아무 말 없이 묵묵히 기다려주듯이. 긴 기다림 끝에 용기를 내어 다가올 수 있도록 하는 힘이 오늘을 사는 모든 부모의 자세가 아닌가 생각해 보았답니다. 어깨를 내주고 기대게 하는 다정함은 건강한 성장을 위한 필수영양소랍니다.

부드럽게 껴안을 때나 몸을 쓰다듬을 때 아이는 안정감을 얻어요. 어릴 때부터 부모에게 자주 안기고 다정한 말을 듣고 자라면 옥시토신 수용체가 풍부한 사람으로 성장하게 되죠. 그런 면에서 이 아이도 사랑받고 싶어 하고, 애정 표현하는 걸 좋아하는 아이였답니다. 그러나 그걸 받아주지 않고 공부만 강요해 왔던 거예요. 정서적인 안정은 외면한 채 학습의 결과만을 요구하는 건 매우 위험하다는 것을 보여준 사례였어요.

다행히도 엄마는 이후에 대화를 자주 하게 되었고 분위기를 편안하게 만들어주는 유머를 살려 주었어요. 서로의 감정을 부드럽게 해주면서 즐거움을 공유하고 긍정적인 사고를 위해 유머를 선택했죠. 엄마는 웃으며 말했답니다. "**유머는 사춘기의 분노와 같은 강렬한 감정을 효과적으로 바꿔줄 수 있었어요. 아이가 불편한 감정이 가라앉아야 저를 믿고 얘기를 꺼낼 수 있으니까요.** 안 좋은 상황을 반전시킬 수 있고 힘든 일도 이겨내는 데 도움을 주거든요. 저도 불완전하다는 것을 인정하도록 도와주는 유머의 힘 안에서 서서히 마음이 풀리게 되고 긴장감을 늦출 수 있었어요." 진실한 마음으로 유쾌하게 대화하는 것을 몸소 보여주었죠. 마침내 웃음을 되찾은 아이의 눈빛이 선하게 빛났어요. 사춘기 아이의 눈이 이렇게 예뻐 보인 것은 처음이었답니다.

이렇게 실천해 보아요

1. 아이의 말을 중간에 끊지 않고 끝까지 들어주어요.
2. 아이의 관심사에 맞춘 가벼운 농담으로 대화의 물꼬를 열어요.
3. 부모의 기대보다 아이의 감정을 인정하고 선택을 존중해 주어요.
4. 동성 부모와의 시간을 늘리고, 그림책 등으로 감정을 나누어요.
5. 강요하지 않고 아이가 스스로 생각하고 성장하도록 믿고 기다려요.

5

아버지와 나, 추억이 되는 순간

"저도 말하고 싶어요. 아무도 제 말은 들으려고 하지도 않아요. 그게 너무너무 화가 나요."

삼대가 함께 사는 대가족 아이의 말이에요. 수업 시간마다 눈치를 보고 오랜 시간 입을 열지 않는 아이였죠. 의사 표현은 제한적이고 자유로운 의사소통은 불가능했어요. 부모의 강압적인 양육 방식이 자녀에게 전달되는 모습까지 볼 수 있었어요. 가정 안에서 부모의 대화 방식이나 조부모 언어 생활에 영향을 받고 있었어요. 특히 대가족 형태이니 더욱 그런 경향이 두드러졌어요. **인간관계를 맺는 방식과 의사소통 방식은 기본적으로 가족으로부터 형성되니까요. 그러니 감정적 소통이야말로 가족 간의 유연한 관계의 다리를 놓아주어요. 서로를 이해하고 존중하는 기초가 된답니다.**

처음 만났을 때, 장남이면서 할아버지의 권위 아래, 가부장적인 아버지 밑에서 자라 위축된 모습이었어요. 그림책을 읽고 이야기 나누는 시간에 자신의 의견을 전혀 표현하지 않는 게 어려운 점이었어요. 아무리 적극적인 활동을 유도해 보아도, 도무지 입을 열지 않았지요. 가족 안의 구조와 성장 배경을 이해하기 전에 현재의 심리 상태를 살폈어요. 신뢰 형성을 위해 어떻게 해야 할지 고민했죠. 재미있는 발문과 상상력을 유도하는 질문에도 답이 없었어요. 그러다 알게 된 사실은 어느 날, 말하려고 용기를 내고 시도했을 때 웃어른들로부터 무시당한 일이 있었던 거예요. 마음에 상처를 크게 입었죠. 그래서 말해도 소용이 없다고 판단하고 입을 아예 닫아 버렸다고 하더군요. 가족이 다 모인 날이었는데 아이가 말하자, "어린 게 무슨 어른들 말하는 데 끼어드냐? 입 다물고 가만히 있어."라고 했답니다.

그 후로부터 점점 말수가 줄어들면서 어른들과의 자리가 불편해지기 시작했어요. 부모님은 이런 사실을 전혀 모른 채 지내왔다고 했어요. 아이가 받은 상처에 아무도 관심조차 가져주지 않았어요. 혼자만의 세상으로 들어가 버린 거죠. 그림책 수업에 오면서 조금씩 입을 열기 시작한 겁니다. 이렇게 많은 질문을 해주는 어른을 처음 만났다고 했어요. 안타까운 마음을 감출 수 없었어요. 표현하고 싶은 욕구가 가득했을 텐데 말이죠. 가족은 아이의 상처를 이해하려는 태도는 보이지 않았어요. 지나치게 권위적으로 몰아붙이거나 지시적으로 대해 왔다고 해요. 그러니 부모에 대해 부정적인 감정을 쌓아가게 되었답니다. 다 듣고 난 후, 아이의 감정 상태를 읽어주었고 무엇이 가장 시급한지 고민하게 되었어요. 상처와 고통에서 회복될 수 있도록 도와주어야 했죠. 우선 아이의 말을 경청하고 자연스럽게 소통하는 방식을 보여주었어요. 집중해서 끝까지 들어주고 있다는 믿음을 심어주었답니다. 대화 중에 말을 끊지 않고, 말할 기회를 자주 만들어주었어요. 그리고 부모님의 상담 중 가장 필요한 것을 가정에서 실천해 달라는 당부를 드렸어요. "어떤 말에 대해서도 비난하지 말고 끝까지 들어주세요. 그래야 스스로 존재 가치를 인정하게 되거든요. 대화의 리듬을 조금 늦추더라도 아이가 하는 말에 귀 기울일 때 진짜 대화가 시작될 수 있어요. 말할 기회를 자주 만들어주세요."

아이의 감정 변화를 살피면서 희망이 보이기 시작했어요. 긍정적인 대화가 이루어지도록 솔루션을 주었죠. 부모와 아이 사이의 다양한 감정을 교류하면서 문제의 원인을 알아가도록 했어요. 올바른 양육을 위해서 방법을 찾아야만 했어요. 첫 번째로 자연스럽게 '가족 대화의 날'을 정하도록 했지요. 공평하게 발언권을 얻어 의견을 말할 기회를 만들어주는 것이죠. 가족 안건을 내고 자연스럽게 참여하도록 해보았답니다. 중요한 점은 소통의 불편함을 없애도록 했어요. 발언권의 기회를 공평하게 주고 표현의 자유도 허용하는 규칙을 정하도록 했어요. 특히 비난이나 권위, 통제 등은 자유로운 소통에 방해가 될 수 있다는 사실을 강조해 주었죠.

둘째로 <내가 아빠에게 가르쳐 준 것들>이라는 책으로 경험을 늘려나갈 것을 추천해 드렸어요. 어색했던 둘만의 시간을 갖고 난 후 느낀 점을 발표하기로 했어요. 가부장적 태도에 익숙해진 아버지에게는 힘든 과제였죠. 그러나 그림책의 힘이 회복을 위한 위력을 발휘하는 때가 온다는 굳은 신념으로 상담해 나갔어요. "우리 아이가 내게 노는 법, 느긋해지는 법, 상상하는 법을 깨우쳐주고 있었구나! 내가 우리 아이 덕분에 까맣게 잊고 있었던 일을 기억하고, 작은 일에도 감사하게 되었고 험한 말을 삼키고 조심스레 단어를 고르려고 애쓰고 있구나."라는 구절을 아버지가 말해 주었어요. 이것을 들은 아이는 수줍은 듯 떨리는 웃음을 지어 보였죠. 서로의 마음이 전해지고 있다는 것이 이런 것이겠죠!

아이와 함께 보내는 하루하루가 의미 있고, 관계 회복을 위한 좋은 기회였다고 말해 주었어요. 사랑과 행복이 샘솟고, 따스함을 느낄 수 있었답니다. 아이도 부모에게 궁금한 점을 언제든 물어볼 수 있게 되었어요. 다시금 말할 용기가 생겨났다고 말해 주는데 되레 제가 눈물이 핑 돌았어요. 아버지와 함께 나누는 시간은 추억을 공유하는 것 이상의 힘을 실어주었던 거예요. 부모와 아이가 무언가를 같이할 때, 서로의 다양한 모습을 보여줄 수 있기 때문이죠. 색다른 경험을 통해 서로를 이해하고 알아가는 좋은 기회가 되어주었답니다.

셋째로 그림책 <으르렁 아빠>를 보여주었어요. 아버지의 권위를 벗겨내도록 해주는 유쾌한 이야기예요. 아버지 내면에는 순수함과 따뜻한 삶이 녹아 있다는 것을 느끼게 해주는 시간이었답니다. 어머니도 아버지가 멋쩍게 보내주는 웃음과 다정한 모습에 놀라신 모습이었어요. 가족이 으르렁 아빠의 딱딱한 겉모습만 봐온 것처럼요. 숨겨진 내면의 모습은 다르다는 걸 알게 되었어요. 아이는 아버지를 다르게 생각하는 계기가 되었거든요. 아버지에게는 약한 모습을 들키지 않으려 가부장적이고 권위를 세우려는 뒤틀린 가면을 벗게 해준 그림책이었죠. 아이들은 아버지의 알록달록한 모습을 좋아하며 맨발의 모습을 친근하게 느낍니다. 가족들은 그런 인간적인 아버지의 모습을 더 사랑한답니다. 다행히 아이는 아버지를 편안하게 바라보게 되었다며 살포시 미소를 지었어요.

<우리 아빠>, <우리 아빠가 최고야>, <나의 아버지> 등의 다양한 그림책 속 아버지를 만나게 해주었어요. 그러자 아버지를 바라보는 태도가 많이 달라졌어요. 그림책을 통해 아버지의 색다른 면을 보게 되었죠. 그러면서 아이는 관점을 넓히고 가벼운 마음으로 다가갈 수 있었나 봅니다. 가로놓인 장벽이 무너진 느낌이라고 말하더군요.

요즘은 아버지가 육아에 더욱 열중하는 시대가 왔어요. 부모가 일치된 양육 방식으로 자유로운 의사를 주고받고 있어요. 그래야 가정 밖으로 나가도 관계를 잘 맺어나가니까요. **의사소통 방식은 기본적으로 관계 방식이며 최초의 관계 방식을 가족에게서 배우게 되는 것이죠. 양육 과정에서 가족의 의사소통 방식은 아이의 삶 전반에 지대한 영향력을 미친답니다.**

아버지의 달라진 모습은 거대한 바위가 낙숫물에 의해 조금씩 깎여 나가듯 오랜 시간이 필요했어요. 기다려주었기에 가능했던 변화에, 스스럼없이 대화하고 마음 편한 사이가 되었어요. 예전의 불편함이나 부정적인 감정은 찾아보기 어려웠지요. 인식이나 관점을 바꾸는 힘은 백 마디 말보다 그림책이 훨씬 강력하답니다. 아이가 웃는 모습을 되찾아서 흐뭇했어요. 그것만으로 충분히 가치 있는 수업이죠. 앞으로 아이는 상처를 회복하고 자아존중감도 높여갈 것이라는 걸 알고 있답니다!

이렇게 실천해 보아요

1. '가족 대화의 날'을 정해 공평하게 발언권을 주고 자유롭게 소통하는 기회를 만들어요.
2. 아이의 말을 끝까지 경청하며 비난 없이 감정을 수용하고 긍정적 피드백을 주어요.
3. 그림책을 매개로 다양한 가족의 모습을 경험하고, 서로의 관점을 이해하며 공감하는 시간을 만들어요.
4. 아버지와의 특별한 시간(목욕탕 가기, 캠프, 등산, 여행 등)을 갖고 추억을 만들어나가요.

6

기린의 언어, 자칼의 언어

"선생님, 진짜 화가 많이 나서 어떻게 해야 할지 모르겠어요! 저를 좀 도와주세요."

종일 기분이 좋지 않은 상태로 울상인 친구가 찾아왔어요. 엄마가 아침부터 아무렇지도 않게 욕하고 윽박질러서 참을 수가 없었다는 거예요. 그래서 매일 아침 짜증 나고 무거운 발걸음으로 학교에 온다고 했어요. 이런 아이들의 상처는 우울증뿐만 아니라 많은 정신적 피해를 남기게 됩니다. 무심코 던지는 언어폭력 역시 아동 학대에 들어가요. 아이들의 정상적인 성장 과정을 가로막을 수 있거든요. 눈을 바라보며 마주 앉아서, 아이의 손을 잡아주었어요. 그림책 수업으로 들어가면서 충격적인 사실을 알게 되었어요. 아이의 상처는 부모의 강압적이고 지시적인 말투와 언어폭력으로 인해 심하게 멍들어 있었어요.

<너 왜 울어?>, <고함쟁이 엄마>, <엄마가 화났다>와 같은 그림책은 부모 교육에만 활용해 오고 있답니다. 그런데 놀라운 점은 그림책을 보고 난 후의 부

모들의 반응이 한결같다는 거죠. 바로 자신들의 이야기다, 내 이야기를 그대로 그렸다는 말이었어요. 아이의 부모는 모르는 사이에 격앙된 감정으로 아이들에게 폭언과 손가락질하고 있었어요. 이는 아이에게 분노, 혐오, 공포, 놀람이라는 부정적인 감정을 만들게 하지요. 부풀어오르는 풍선처럼 터지기 직전에야 위험신호를 알리게 된답니다. 도저히 참을 수 없었던 아이가 제게 손을 내민 거예요.

『감정코칭』의 저자 존 가트맨 박사는 부모, 자녀 관계 연구의 세계적인 권위자이자 전문가이에요. 공감의 지도로 감정코칭형 부모 유형을 제시했는데요. 연구한 결과, 부모에게 자기 감정을 인정받고 타인의 감정도 인정하는 교육을 받아야 한다고 했어요. 그러면 대인 관계 기술뿐만 아니라 학습, 자신감, 집중력, 건강 등에서 효율적인 능력을 발휘할 수 있다고 합니다.

아이는 "선생님, 매일 엄하고 앙칼진 목소리를 들으면 화가 치솟아요. 집 밖으로 뛰쳐나가고 싶어져요."라고 말하며 울먹입니다. 흐느끼는 친구의 등을 조용히 쓸어내렸어요. 부모에게서 받은 감정의 상처가 깊이 뿌리박혀 있었지요. 이를 해결하기 위해서는 쌓인 감정의 응어리를 풀어주어야만 합니다. 부정적인 감정을 긍정적으로 바꾸기 위한 그림책을 처방해 주었죠.

<소피가 화나면, 정말 화나면>과 <소피가 속상하면, 너무너무 속상하면>은 아이들의 마음을 잘 알아주는 그림책이에요. 아이는 소피의 모습을 보며 공감하고 자신을 이해해 주는 그림책에 마음이 풀리게 되었죠. 그로 인해 스스로 회복 탄력성을 찾아갔어요. 다시 돌아갈 든든한 울타리가 있다는 걸 깨닫

게 해주었어요. 속상한 상황에서 어떻게 해야 하는지 해답을 얻을 수 있거든요. 자신의 마음을 알아주는 그림책에서 스스로 위안을 얻게 된답니다. 감정을 알아차리도록 안내해 주면서 어떤 변화를 느끼는지 살펴보았어요. 화가 났을 때 다른 친구들은 어떻게 하는지 이야기를 들어보며 나름의 방법을 찾아가기도 했거든요. 아이들은 호기심이 많고 다른 친구의 아픔도 어루만져주는 따뜻한 마음을 갖고 있어요. 맞장구쳐주며 위로하는 모습은 어른들의 세계 이상일 때가 많아요. 아이들은 돈독한 관계를 맺고자 하는 결심을 하죠. 친구들을 배려하고 존중해 주면서 희망 사항에 귀 기울여 줍니다. 사뭇 어른다운 모습으로요.

'**비폭력 대화의 목표는 내가 원하는 대로 사람들을 바꿔놓으려는 게 아니다. 솔직함과 공감을 바탕으로 하여 모든 사람의 욕구가 충족될 수 있는 관계를 만드는 것이다.**'라고 마셜 B. 로젠버그는 말했지요.

아이들이 무척 좋아해서 자주 활용하는 그림책 <감정을 숨기는 찬이>는 쌓인 감정을 솔직하게 표현함으로써 문제가 해결되는 이야기예요. 친구가 괴롭히고 놀리고 나쁜 일이 일어나도 항상 "괜찮아."라고 말하는 아이, 찬이가 등장해요. 그럴 때마다 배가 아프고 몸이 울퉁불퉁해집니다. 그런 몸으로 덤불에 걸린 찬이에게 멧새가 말합니다. "거기서 벗어나려면 감정을 꺼내놓아야 해." 찬이는 "내면에 울지 않는 눈물이 너무 많아서, 그 감정들을 꺼내면 홍수가 일어나고 분노를 꺼내면 산불이 일어날 거야."라고 말하죠. 멧새는 계속 들어주고 내면의 감정을 꺼내도록 적극적으로 도와줍니다. 결국 "나는 안 괜찮아."라고 솔직하게 말하며 감정을 해소하게 되죠. 속마음을 표현하는 것을 보며 부정적인 감정일지라도 밖으로 내보이는 게 중요하다는 것을 깨닫게 돼요. 더 이상 숨기거나 참지 말아야 해결의 실마리가 풀린다는 것도 알게 된답니다.

또한, 자신의 마음을 표현하는 연습에 좋은 그림책이 있어요. <곰씨의 의자>는 어른들에게 자주 선물해 주는 그림책 중 한 권이에요. 감정을 솔직하게 표현하는 건 어른들도 서툴고 힘들기는 마찬가지죠. 곰씨가 토끼에게 자신의 상황을 알리고, 그에 맞는 감정을 솔직하게 말하는 게 핵심인데요. "여러분이 제 의자에서 너무 시끄럽게 하니까, 책을 읽을 수가 없어서 슬퍼요.", "오늘은 혼자 조용히 쉬고 싶어요. 아기 토끼들이랑 노는 것은 피곤한 일인 것 같아요."라고 솔직하게 말하기가 어려워 무척 괴로워하죠. 욕구를 드러내는 용기가 필요한 순간이 옵니다. "지금은 제가 혼자 차를 마시고 싶어요. 잠시 후 놀러 와 줄래요?"

곰씨의 상황을 상상하며 최대한 정중하고 솔직하게 감정을 말하는 연습을 해보았어요. 말로 표현하기가 어렵다면 편지나 그림으로 표현해 보자고 했죠. 부정적인 감정을 억누르는 것은 정신 건강에도 좋지 않기 때문이에요. 신나게 자신의 속마음을 표출하는 아이들이 정서적으로 더 건강하다는 것을 알고 있으니까요. 건강한 관계를 지속하기 위해서는 솔직하고 정중한 감정 표현이 존중받아야 합니다.

가정에서 아이와 갈등이 생긴다면, 어떻게 하고 있나요? 혹시 부모가 먼저 생각, 감정, 욕구를 정중하게 표현해 주고 있나요? 아이들은 엄마의 그런 모습을 그대로 보고 배워요. 자신의 마음을 잘 표현하는 아이가 건강하며 성숙한 어른으로 성장할 수 있거든요. 가족 안의 비폭력 대화를 가슴의 언어, 연민의 대화, 효율적인 대화라고도 해요. 배움과 재미를 위한 기린의 언어라고도 하죠. 참이와 멧새의 대화가 그런 것처럼요. 대화는 멀리 넓게 보는 기린의 언어로 대화해야 한다는 걸 암시해 주어요. 어른들은 자주 평가하고 판단하고 비난하는 자칼의 언어를 사용할 때가 있는데요. 이를 기린의 언어로 바꿔 사용하도록 도와주었죠.

아이들이 가지고 있는 기린의 언어는 자라면서 어른들로부터 배운 자칼의 언어를 통해 잃어가는 게 아닐까 하는 생각이 들었어요. 부모가 자칼의 언어를 쓰게 되는 가장 근본적인 문제는 부모가 자녀를 '어린아이'로만 인식하고 있다는 점이에요. 부모는 자신이 자녀를 통제하고 책임져야 하는 존재로만 생각한다는 것이죠. 결국 자칼의 언어를 표현하는 사고로 발전하게 됩니다. 그러나 아이들에게는 넓게 바라보는 기린의 언어를 쓰도록 격려해 주었어요. 타인과 건강한 관계를 맺기 위해서는 긍정적으로 표현하는 연습을 해야 하니까요.

잘 보이는 곳에 다양한 감정의 이름을 붙여놓고 인식하며 표현하는 것이 좋아요. **'배려와 존중'을 기반으로 하는 비폭력 대화를 가정 안에서 실천해야 한다는 충고가 자주 들려옵니다. 부모가 기린의 언어를 사용한다면 자칼의 언어를 쓰던 아이들도 본받고 언어생활을 바꿔갈 거예요.** 언어는 감

정을 담는 그릇이라는 걸 기억하면서 말이죠! 제 곁에 있는 아이가 기린의 언어를 표현하는 날을 기대해 봅니다. 오늘은 어떤 언어로 세상을 그리고 싶나요? 기린의 언어로 넉넉한 마음을 담아 누군가의 하루를 밝혀 보는 건 어떨까요?

이렇게 실천해 보아요

1. 가정에서 부모가 먼저 감정을 정중하게 표현하며 아이에게 모범을 보여요.
2. 다양한 감정의 이름을 붙여두고 아이가 자신의 감정을 인식하고 표현하도록 도와요.
3. 아이들이 기린의 언어를 사용하도록 해주며 부모가 그런 환경을 만들어주어요.
4. 아이가 부정적인 감정을 솔직하게 표현할 수 있도록 그림책과 대화를 활용해 공감하고 지지해 주어요.

7

화해가 맺어준 동지애

"제가 분명히 필요한 게 있다고 말을 했고, 엄마도 듣고 있었잖아요. 진짜 짜증 나요! 엄만 항상 그런 식이에요. 제가 하는 말은 잘 들어주지도 않아요."

사춘기 남학생이 울분을 토해냈어요. 얼마나 억울한지 얼굴이 불타는 듯합니다. 부모들은 아이가 한 말을 못 들었다거나 가볍게 지나가는 말로 무례한 상처를 입히곤 합니다. 심지어 그런 사실을 알지 못할 때도 있어요. 순간 기분이 상하고, 이유 없이 감정의 파도가 거세게 치는 일은 수업 현장에서 많이 마주치는 일이에요. 대화나 소통이 잘되고 있는 가정이라 할지라도 쉽게 일어날 수 있는 일이죠.

한 남학생이 자기 말을 스치듯이 흘려듣고는 중요한 순간에 못 들었다는 말로 일축하는 엄마와의 갈등을 토로했어요. 이 상처를 회복해 나가는 데 꽤 오랜 시간이 걸렸답니다. 머리로는 이해하고 납득 가는 일도 행동으로 옮기는 걸 어려워합니다. 세상에서 가장 먼 거리는 '머리에서 가슴까지의 거리'라고 하죠. 머리로는 아는 것을 가슴으로 느끼고 행동으로 나오기까지는 어마어마한 시간이 걸릴 때가 많으니까요. 알고 보니 엄마는 아이가 한 말을 잘 듣지 않은 게 사실이었어요. 시끄러운 상황에서 듣다 보니 흘려듣게 되었다고 말했어요. 오히려 그런 상황에서 중요한 얘기를 꺼냈다며 문제의 원인을 아이 탓으로 돌렸답니다. 참 안타까운 일이었어요. 아이에게 화가 난 감정을 내려놓고, 요구한 것을 얻기 위해서는 대화를 시도해야 한다고 말해 주었어요. 꼭 사고 싶어서 용기를 내고 한 말이었으니까요. 또한, 엄마에게는 "어른인 부모가 먼저 들어주고, 왜 필요한 것인지, 아이와 진지하게 대화해 보는 게 필요해요."라고 말했어요. 그래야 갈등을 해결할 수 있는 실마리를 찾을 수 있어요. 아이는 엄마와 싸우자는 것이 아니기 때문이죠.

엄마는 아이의 마음을 헤아리지 못했어요. 자신의 주관만 내세우며 납작 엎드려 들어와야 요구하는 것을 들어주겠다는 자세였지요. 결국 아이는 갖고 싶은 것을 못 사도 좋다며 원하는 게 무엇이든 포기하고 싶다고 말했어요. 자포자기한 상태가 되어버렸죠. 아이의 속마음은 기분이 상하지 않게 동등한 대화의 상대로 존중받으며 이야기를 나누고 싶었을 거예요. 그러니 아이에게 억울하고 서러운 마음을 속 시원하게 말해 보라고 했어요. 감정을 쌓아두면 더 나빠질 수 있기 때문이죠. "저는 원하는 것을 얻지 못해도 괜찮아요. 다만 엄마가 제 말에 귀 기울여주고 눈을 마주치고 상냥하게 대해주었으면 해요. 잘못을 인정해 주었으면 좋겠다고요. 반성은 우리만 하는 게 아니잖아요." 아이가 제게 들려준 말이었어요. 자신이 한 말을 무심코 흘려보낸 엄마의 태도가 못마땅했던 거예요. 사실은 가족 안에서 일관되지 않게 대하고 있는 엄마에게 차별과 부당한 대우를 받고 있었어요. 그로 인해 상처받았고 원하는 걸 말해도 들어주지 않자 마음의 소리가 작아졌어요.

아이들은 비교당하는 것을 가장 싫어합니다. 가족 안에 뛰어난 형제자매가 있는 경우는 더 위험하다고 볼 수 있어요. 모든 면에서 뛰어난 누나가 비교 대상이었답니다. 공부도, 운동도, 외모도 떨어지다 보니 열등감으로 얼룩져 있었어요. "선생님! '공부'로 비교당하는 게 가장 맘 아파요. 공부 잘하고 싶은데 못해서 속상하고, 공부 못한다는 이유로 얘기도 들어주려고 하지 않아서 비참하기 짝이 없어요." 가슴이 아팠습니다. 우선 어머니와 상담을 시작했어요. 아이와 대화의 시간을 충분히 가져보라고 권했어요. "세 자녀 중에 가운데 끼어 있는 둘째는 방임되고 있는 경우가 많아요. 둘째가 독립적으로 잘한다는 부모의 착각은 아이를 궁지로 내몰 수도 있어요. 물론 정서적으로 안정되고 든든한 지원과 격려받는 둘째라면, 탁월한 중재자의 역할을 하죠. 당연히 제 몫을 해낼 거예요. 그러나 자존감이 떨어져 있고, 존재 가치를 인정받지 못하는데, 알아서 잘할 거라 믿는 것은 오산이에요. 오히려 세심한 관심이 더 필요하답니다."라는 말에 엄마의 표정은 심각하게 굳어져 갔어요.

아이가 하는 말에 귀 기울여주시고 경청의 자세와 공감의 태도로 공평하게 대해야 한다고 부탁을 드렸어요. 물론 순식간에 되는 일은 아니랍니다. 때론 차별하거나 부당하게 대하고 있는지 부모조차 모르기도 한답니다. 똑같이 대화하고 애정 어린 눈빛을 보여주도록 약속했어요. 성적의 결과로 판단하지 말고 노력하는 과정을 지켜봐 달라고 당부했지요. 그림책을 함께 보는 '부모의 날'을 갖기로 했어요. 처음엔 어색하고 멋쩍어했어요. 그러나 오롯이 둘만의 이야기에 집중할 수 있는 장점을 십분 활용했어요.

안 에르보의 그림책 <내 얘기를 들어주세요>를 차분하게 읽어드렸어요. 어른들에게 공감받지 못할 때 아이가 느끼는 상실감과 외로움을 잘 보여주거든요. 상실로 슬픔을 겪는 아이들에게 필요한 공감과 배려에 대한 위로이자 외로움을 알아달라는 메시지를 담고 있답니다. 부모는 자신의 문제를 더 중요하게 여깁니다. 주인공 브루가 길에서 만난 다양한 인물들이 자신의 문제만을 중요하게 여기는 것처럼 말이에요.

엄마는 이런저런 문제로 골치 아프고 돌봐야 할 아이들도 많으니 더욱 그렇죠. 아이의 슬픔은 사소한 일쯤으로 치부되기 일쑤였어요. 주인공 브루가 고양이와 어떻게 시간과 마음을 나누고 있는지, 지금 얼마나 슬프고 아픈지 알려고 하지 않는 것처럼요. 마치 아이가 지금 딱 그런 상태처럼 보였어요. 개는 브루의 슬픔을 듣고 "그랬구나!"라며 고개를 끄덕입니다. 개는 알고 있어요. 세상의 문제들은 문제대로, 개개인이 마음을 나눈 시간과 상실의 아픔은 그것대로 소중하고 의미가 있다는 것을요. 듣는다는 게 단순한 행위가 아니라, 마음과 시간을 내어주는 일이란 걸 알려주어요. 부모도 때때로 너무 바빠 아이들의 말을 놓치는 경우가 있어요.

공감의 부재로 대화가 단절되면서 감정이 얼어붙은 장면은 가슴이 아픕니다. **위로와 공감을 통해 아픔의 시간을 견뎌내고 앞으로 나아가는 힘을 얻게 됩니다. '귀 기울이기, 공감하기, 배려하기'는 심리 치유에서 가장 강조하고 있는 덕목입니다. 서로의 상처를 보듬어주고 직면할 때라야 치유는 시작되는 것이니까요.** "아이가 고민을 이야기한다면, 흘려듣거나 '별것도 아닌 걸 가지고.'라며 핀잔을 주는 대신, 진지하게 집중해서 들어주세요. 사소한 문제라고 혼자 울게 내버려두어서는 안 됩니다. 함께 슬퍼해 주고, 아파하며 공감해 줄 때, 건강한 정서를 가진 어른으로 성장해 나갈 수 있어요."라고 말씀드렸어요. 천천히 고개를 끄덕이는 엄마의 얼굴이 붉어졌어요.

어김없이 경청이란 어떤 것인지 보여주는 그림책 **〈가만히 들어주었어〉**를 건네주었어요. 이 시대의 어른들이 가장 많이 보고 깨달음을 얻는 책이라 생각되어서죠. 바쁘다고 함께해 주지 못해 미안해하는 엄마의 모습을 바라보는 아이의 눈이 눈물로 얼룩졌어요. 반성하는 엄마의 마음을 아이도 알아채고 있었던 거죠. 서로의 마음을 알고 있다는 울림을 직감하게 되었어요. 이렇게 한 권의 그림책으로 서로의 마음을 헤아리게 되는 것, 이것을 '동지애' 그 이상으로 표현할 말을 찾을 수가 없답니다. 감정의 소용돌이 속에서 힘겹게 빠져나온 동지애! 앞으로 엄마와 아이가 서로 힘들 때 재빠르게 눈치채고 손을 잡아줄 거라 믿게 되었어요. 든든한 지원군이 있다면 더더욱 힘이 날 테니까요. 아이는 자신감에 찬 모습으로 돌아왔어요. 밝은 웃음을 짓는 아이는 걸음걸이부터 달라졌어요. 이걸 가능하게 하는 지름길이 바로 화해의 힘이죠!

> **이렇게 실천해 보아요**
>
> 1. 아이의 말을 가볍게 여기지 말고 진심으로 경청하며 공감해요.
> 2. 성적이나 결과로 판단하지 말고 과정과 노력에 집중하며 응원해 주어요.
> 3. 정기적으로 아이와 시간을 보내며 그림책 등을 활용해 감정을 나누어요.
> 4. 시간을 내어 아이와 함께 진정한 대화의 시간을 가져보아요.

8

충분히 좋은 부모

아이들은 부모의 모습을 닮아갑니다. 따르라고 가르치지 않아도 가족 안에서 보여지는 부모의 말과 행동은 고스란히 대물림되기 마련이죠. 한때, '부모 롤모델'에 대한 관심이 뜨거웠던 때가 있었어요. 마침 두 아들은 중학교 사춘기를 겪고 있었지요. 성장통을 겪고 있는 모습을 보고 있자니, 걱정과 불안이 밀려왔어요. 하지만 이렇게 말해 주었죠. "마음껏 헤매도 좋아. 엄마와 아빠는 네가 행복해질 수 있다면 언제까지나 기다릴 수 있어. 지금 힘들어도 곁에서 함께 견뎌주고 있다는 걸 잊으면 안 돼."라고요. 얼마나 든든한 말이었을까요? 서로의 행복을 진심으로 바라고 응원하는 것, 그것이야말로 가족 사랑이 아닐까요?

그러던 어느 날, 아들들이 자연스럽게 호칭을 '아버지'와 '어머니'로 부르는 거예요. 누가 시킨 것도 아닌데, 갑자기 어른스러운 호칭을 쓰는 모습을 보니 우리 부부의 태도도 저절로 정중하게 가다듬게 되더군요. 왠지 부모로서의 예의범절도 잘 갖춰야 할 것만 같았답니다. 부모가 어떻게 하느냐에 따라, 자신의 에너지를 어떻게 쓸지 알고 있는 것처럼 행동하니까요. 다행히도 사춘기 아들들에게 잘해 주었던 점은 기다려주고 견뎌주는 자세였어요. 한창 감정 조절이 힘들고 폭발할 것 같은 상황에서도 유머 감각을 잃지 않은 것이 큰 도움이 되었죠. 덕분에 우리는 함께 웃으며 힘든 고비를 넘어갈 수 있었어요.

그래서일까요. 아들들은 유머 감각 DNA가 남달랐어요. 표현하는 것 이상으로 수준 높은 웃음 바이러스를 퍼뜨려 주었답니다. 유난히 서로의 표현에 경청할 줄 알고, 잘 웃어주며, 호응해 줍니다. 감정의 통로가 막히지 않도록 현재의 감정 상태를 항상 살펴주었어요. 왜 그런지에 대한 원인을 이해해 주려고 노력했거든요. 서로의 입장이 되어보기도 하면서 말이에요. "어머니라면 이럴 때 어떻게 하시겠어요?"라고 물어옵니다. '만약 내가 그런 상황이라면' 하고 바꿔 생각해 봅니다. 이럴 때 진심 어린 조언이 나올 수 있게 되는 것이죠.

"아, 그랬구나!" 우리 가족이 가장 많이 사용하는 표현이에요. 아이들도 "아이고, 우리 어머니께서 그러셨구나!"라고 말하며 서로를 이해하려고 노력한답니다. 이 한마디가 사람을 얼마나 안심시키는지 모릅니다. 부모가 실수했더라도 먼저 인정하고 용서를 구하면, 아이들도 자연스럽게 받아들이고 이해하는 방법을 배우게 되거든요. 그러니 어른이 잘못을 인정하는 것이 중요한 거예요. 오랜 시간이 걸리지도 않잖아요. 오히려 대화의 과정에서 해답을 알고 있으니까요. 서로에게 할 수 있는 능력치를 발휘해 내도록 묵묵히 바라봐 주고 기다려주고 있어요. 기다리고 인내하는 순간은 항상 필요하답니다.

위니컷이 말한 **참 좋은 부모(Good enough mother)란 아이의 주변 상황에 고요히 머물러주는 '환경으로서의 어머니'의 몫도 중요합니다.** 사춘기를 지나 지금은 어엿한 멋진 청년으로 자라준 두 아들에게 물어본 적이 있었어요. "어머니가 사춘기 시절에 그래도 제일 잘해 준 게 있다면 무엇이었을까?" 망설임 없이 대답해 주었어요. "같은 곳에 머물러도 한결같이 묵묵히 참고 기다려주고 바라봐 준 것, 지금도 잊을 수 없는 따뜻한 어머니의 모습이에요." 그 말을 듣는 순간 가슴이 뭉클해졌어요.

견디기 어려운 순간들도 많았지만 지나고 보니 잘했다기보다는 그런 생각이 들었어요. '보는 나도 이렇게 힘든데, 호르몬의 변화를 겪으며 혼란스러웠을 아이들은 얼마나 더 힘들었을까?'라는 짠한 마음요. 엄마로서의 아픔. 대신 아파줄 수 없는 안타까운 마음. 아마도 부모가 갖는 진심이 이런 게 아닌가 생각해 봅니다. 진심은 늘 통하기 마련이라는 명언을 기억하면서 살고 있어요. 교육 현장에서도 매번 느낀답니다. 아이들은 누구보다 눈치가 빠른 재능을 갖고 태어났다는 것을요. 진심을 읽어내는 힘! 이것은 아이들의 장점이자 아이들만의 달란트인 것은 분명하니까요.

아이들은 부모를 누구보다도 잘 관찰하는 존재입니다. 어른인 우리가 어떤 태도로 살아가야 하는지 늘 깨어있어야 하는 이유죠. 누군가 등 뒤에서 항상 주시하고 있다고 생각하고 말이에요. 우리 가족은 주말마다 조부모님 댁을 찾아뵙고 안부를 묻는 가족 문화를 갖고 있어요. 아이들은 친구들과 놀고 싶은 주말에는 약속을 잡기도 했었어요. 그럴 때마다 들려준 말이 있었죠. "얘들아, 할아버지 할머니는 우리가 보고 싶을 때만 가도 될 정도로 그렇게 기다려줄 시간이 많지 않단다. 건강하실 때 찾아뵙는 게 진정한 기쁨이라는 걸 알게 되는 날이 올 거야."라고요. 그 말을 들은 아이들은 말 없이 숙연해지더군요. 부모가 어떻게 하고 있는지 그대로 보고 배우며 자랐어요. 그래서인지 지금까지도 주말마다 안부 전화와 기념일, 어버이날은 잊지 않고 감사의 마음을 전해옵니다.

우리 가족이 가장 좋아하는 특별한 그림책이 있어요. 집 안 보이는 곳에 늘 꽂혀 있는 <나의 아기 오리에게>입니다. 세상 밖으로 모험을 떠난 아들들에게 보내는 응원가와도 같은 그림책이죠. 아이들에게 지혜롭고 다정한 말을 건네주면 내면에 잠재한 무한한 가능성을 꺼내 보여줍니다. 어떻게 살아야 할지 스스로 묻고 답을 찾아 나가게 되죠. 자신의 반짝이는 삶을 위해 용기 있게 모험을 떠나고 삶의 즐거움을 찾아 나가요. 아이들에게도 여러 번 읽어줬지만, 지금은 아이들이 저희 부부에게 읽어주기도 하는 유일한 그림책이에요. 서로가 긍정의 문장으로 행복을 선물한답니다. 이것이 바로 위대한 그림책의 진실이랍니다. 아들들은 자신의 꿈을 위해 도전하고 실패해도 다시 일어서는 용기를 보여줍니다. 사실 그림책의 기원은 우리 아들들이었으니까요. 25년을 거슬러 간 역사를 담고 있답니다.

또한 같은 작가의 <아마도 너라면>은 이 세상의 모든 부모가 잊지 말고 아이와 함께 읽어야 할 그림책입니다. 아이들에게는 희망과 용기를, 때로는 부모에게도 따뜻한 위로를 건네주는 책이에요. 단 한 번뿐인 삶의 소중한 가치와 가능성에 대해 다정다감하게 이야기를 건네줍니다. "엄마도 이 책이 필요해. 그러니 하루는 네가 엄마에게 읽어주고 하루는 엄마가 읽어줄게. 밤마다 함께 읽자." 상담 과정에 있었던, 아이들을 키우며 씨름하던 어느 엄마가 제가 전해준 말이었어요. 아이들에게도 희망과 용기가 필요하지만 때로는 어른에게도 필요한 순간이 있답니다. 부모와 자녀가 서로의 아픔을 어루만져 주면 우리가 꿈꾸는 것 이상을 이룰 수 있거든요. 그림책은 살아갈 힘과 긍정 에너지를 불어넣어 줍니다. 아이들에게도, 어른들에게도 삶의 소중한 자산이죠.

한 초등학교 선생님이 말했어요. "이 책이야말로 아이들이 처음 만나야 할 책이자 어른들이 가장 나중까지 만나야 할 책이다."라고요. 서로에게 긍정을 전하는 그림책이 진실하고 아름답기 때문이죠. 거울 효과처럼 이 그림책 한 권으로 서로를 비춰보는 시간을 갖기를 바랍니다. 따스한 마음이 전해지는 온기에 가족 사랑이 느껴질 거예요. 부모의 크나큰 사랑이 자식에게 대물림되는 것이죠. 사랑이란 서두르지 않고 기다려주는 것입니다. "너라면 어떤 선택을 하든 괜찮아."라고 따뜻한 응원을 전하며, 스스로 가능성을 믿을 수 있도록 용기를 북돋아 줍니다.

이렇게 실천해 보아요

1. 자녀의 감정을 존중하고, 힘든 시기에 곁에서 묵묵히 기다려주어요.
2. 자녀의 입장에서 생각하며 열린 대화로 감정을 공유해요.
3. 부모가 먼저 진심 어린 사과와 이해를 실천하며 모범을 보여요.
4. 자녀와 함께 의미 있는 그림책을 읽으며 서로에게 위로와 희망의 메시지를 전달해요.

ts

2

그림책, 감정을 치유하는 창이 되다

그림책은 감정을 비치는 창이자 치유의 손길입니다.
한 장 한 장 넘길 때마다 슬픔은 위로로, 두려움은 용기로 바뀌며,
우리는 스스로 더 깊이 이해하게 됩니다.

1
눈물이 건네는 치유의 힘

"선생님! 한 번 더 읽어주세요! 한 번만 더요! 한 번 더!" 수업 중에 많이 듣게 되는 흥분된 목소리입니다. 그림책의 치유라고 하면 종종 심각하고 무거운 주제를 떠올릴 수 있어요. 하지만 치유에는 유머가 필수입니다. 웃음은 긴장을 풀어주고 마음을 가볍게 만들어주니까요. 웃음은 뇌에서 엔도르핀과 같은 행복 호르몬을 분비하게 하여 불안과 우울감을 감소시키는 데 도움이 됩니다. 누구나 너무 많이 웃다 보면, 가끔 눈물이 나는 경험을 해 보았을 거예요. 웃을 때 아이들은 가장 행복해 보여요. 천사들의 미소죠.

<눈물바다>를 펼쳐 보이면, 아이들은 마치 자기 일을 들여다보듯 집중해요. 시험을 망치고, 점심 급식은 풀 쪼가리만 나오고, 오후 수업 시간에는 억울하게 혼났어요. 집에 가려니 비까지 내립니다. 혼자 비를 맞고 왔는데, 엄마 아빠는 싸우고 있고, 이렇게 우울한 하루가 또 있을까요? 신이 나를 버린 걸까요? 자려는데 눈물이 자꾸만 흐릅니다. 아침이 되어 눈을 떠보니 모두 내가 만든 눈물바다에 빠져 허우적대고 있어요. 상상의 바다에서 한

바탕 신나게 놀아요. 노를 젓기도 하고 급류를 타며 환호성을 지르기도 합니다. 그러다 사람들을 건져 말려주기도 해요. 이제는 마음이 개운해졌거든요. 잠시 생각해 보니 미안하기도 합니다. 하지만, 속이 다 시원합니다! 유쾌한 경험이 곧 마음을 밝게 만들어주는 치유의 순간이 되는 것이죠. 이쯤 되면 아이들은 "한 번 더!"를 외쳐대죠.

"목놓아 우는 것은 뇌를 다시 한번 리셋하는 것과 같은 효과가 있다."라는 말이 있어요. 눈물을 펑펑 쏟을 때 감춰진 불안이 함께 쏟아져 나온다는 것이죠. 아이들은 울고 나면 언제 그랬냐는 듯이 뛰어놉니다. <눈물바다>는 아이들의 하루를 위로해 주고 눈물을 긍정해 주는 그림책입니다. "그래, 울고 싶을 땐 실컷 울어버려. 선생님도 울고 싶은 날엔, 펑펑 울어버린단다. 그러면 너무 시원해져." 이렇게 말하면서 등을 토닥여 줍니다. 스스로 좋지 않은 감정을 씻어내고 다시 웃을 수 있도록 도와주거든요. 그림책 속에 재미있는 유머를 건져 올리며 깔깔댑니다. 눈물의 해일 속에서도 곳곳에 익살이 펼쳐져 있거든요. 이걸 찾는 아이들의 웃음은 끊이질 않아요.

처음 그림책 심리 치유를 공부하던 시절이 떠오르네요. 마치 직업병처럼 고민을 들으면 어떤 해결책이라도 꺼내 주어야만 할 것 같은 강박에 사로잡혀 있었어요. 사람들을 만나고 오면 전보다 훨씬 빠르게 지쳐버렸고, 에너지가 온몸에서 사라져 버렸어요. 그러다 보니, 다양한 연령대의 사람들을 만나게 되면 왠지 모를 걱정과 불안감이 자리 잡기 시작했어요. 사실 그들이 바라는 것은 아무것도 없었는데 말이에요. 그저 하소연을 들어주길

원했을 뿐, 반드시 어떤 해결책을 찾아주길 바란 게 아니었어요. 스스로 만든 강박이었죠. 그러면서 자신에게 물었어요. '내가 불안하고 뭔가 해결되지 않은 채 살고 있어서, 다른 사람들에게 투사하고 있는 것은 아닐까?'

심화 과정을 마치고 가장 많이 들었던 말이 있었어요. "이 과정이 결국에는 자신을 치유하고 있었어요. 남을 치유해 주기 위해 시작한 공부였는데, 자신이 치유되면서 눈물을 많이 흘렸어요." 그랬답니다. 돌이켜 보면 자신을 위로하고 울고 있던 내면 아이를 안아줄 수 있었어요. 실컷 울고, 마음껏 웃으면서 새로운 날을 맞이할 수 있었으니까요. 그림책 치유의 과정이 얼마나 강력한지 몸소 느꼈답니다. 고통을 겪고 있는 부모, 아이들을 포함한 모든 가족 안에 풀지 못할 과제는 없다는 믿음을 주게 되었죠. 그림책이란 아이들이 좋아하는 상상의 이야기도 있지만 현실의 이야기를 반영해 주기 때문이에요.

<알사탕> 그림책은 단연코 현실 속 아이들의 이야기를 상상으로 풀어내는 훌륭한 그림책이에요. 아버지의 진한 사랑을 느끼고, 할머니의 사랑, 강아지와의 교감까지 다양한 사랑을 자연스럽게 경험하게 해주죠. 무엇보다 밖으로 나가 친구 사귀는 게 어려웠던 소극적인 아이가 먼저 친구에게 손을 내밀고 다가가게 해요. 용기를 얻게 되는 걸 보면 그림책의 힘은 정말 대단합니다. 알사탕 속에는 아버지의 대사가 빼곡히 들어차 있어요. 마치 아버지의 사랑의 양만큼이나요. 잔소리가 아니라 사랑의 메시지라는 것을 깨닫고는 아버지에게 다가가 안아드려요. 아이들은 이게 잔소리인지, 사

랑하고 걱정하는 이야기인지 온몸으로 받아들여요. 아이들은 늘 궁금한 게 많거든요. 이야기 달인인 그림책 <왜냐면…>은 엄마들의 본보기가 되어주는 그림책이에요. 아이의 끝없는 질문에 화 한 번 내지 않아요. 재치 있게 대답해 주는 엄마. 아이와 엄마의 엉뚱 발랄한 이야기랍니다. 아이는 뫼비우스의 띠처럼 "왜요?"라는 말을 연이어 물어봅니다. 질문은 새로운 것에 대한 호기심과 탐구심을 충족시키기 위한 수단이자 세상과 소통하는 방법이죠. 대화를 통한 상상 놀이가 아이의 부정적 감정까지 해소하는 순간이 찾아옵니다. 엄마의 재미있는 이야기와 친절한 말투로 호기심이 충족되면, 아이는 행복이 무엇인지 깨닫게 되죠. 서로 주고받는 이야기가 갖는 재미와 묘미가 숨겨져 있어요.

아인슈타인은 "지식에는 한계가 있지만, 상상은 이 세상 전부를 담을 수 있다."라고 말했어요. 질문에 정답을 말하기보다는 조금 느긋한 마음으로 아이들과 이야기를 나눠봅니다. 생각이 열리면 세상도 새롭게 열리죠. 유쾌한 대화는 아이들의 즐거움을 높여주어요. 이야기의 치유력이란 바로 이런 것이라 할 수 있어요. 지난 시간 만났던 한 아이의 말이 아직도 귓가에 남아 있어요. "선생님! 엄마는 나를 아끼기 때문에 이래라저래라 하지만, 제가 어려서 알아듣지 못해요. 나중에 다 잘되라고 해준 말이었다는 걸 아는 날이 왔으면 좋겠어요." 아이의 그릇이 제법 크다고 생각했어요. 벌써 앞으로 어떤 사람이 되어야 할지 아는 게 대견해 보였답니다. 이런 친구들이 앞으로 많이 생겨날 것이라고 믿어요. 왜냐하면 우리에겐 그림책으로 만날 날이 많기 때문이죠. 그림책의 치유력은 언젠가는 분명 효력을 발휘해 줄 것을 알고 있으니까요. 아이들은 그것을 증명해 보일 것입니다.

그림책 평론가 마쯔이 다다시는 "그림책의 세계란 어린이가 일상적으로 생활하는 세계이며, 마음속에 변함없이 존재하는 상상력의 근원이 되는 세계"라고 말합니다. 평범한 일상에서 반짝이는 이야기는 어른들에게는 어린 시절의 동심을, 아이들에게는 유년기에 마땅히 누려야 할 기쁨을 선사합니다. 마음속 작은 문제들을 마주하게 하고, 그 문제를 해결할 수 있는 힌트를 유머와 따뜻한 감동 속에서 던져주어요. 특히 힘든 시기를 겪고 있을 때, 짧고 간결한 이야기 속에서 깊은 치유를 경험할 수 있죠. 상담에서는 상처받은 아이, 길을 잃은 아이, 외로운 아이들을 자주 만나게 돼요. 모두 누군가의 따뜻한 손길을 기다리거나 스스로 회복해 나갈 길을 찾으며 한 걸음 앞으로 나아갑니다.

눈물은 끝이 아니라 치유의 시작이에요. 그림책의 한 페이지를 덮으며, 아이들은 조금 더 가벼운 마음으로 내일을 맞이합니다. **그림책은 우리에게 말해 주어요. 울어도 괜찮다고, 아픔도 삶의 일부라고, 그리고 언젠가는 다시 웃을 수 있을 거라고.** 그림책의 치유는 뚜렷한 행동 강령이 없음에도 스스로 변화하는 자신을 발견하게 합니다. 아이들은 매우 유연해요. 쉽게 받아들이고, 잘못된 신념을 빠르게 바꾸기도 한답니다. 치유의 힘을 발휘하게 되는 이유도 여기에 있을 거예요. 이야기로 풀어나가는 과정은 꽤 진지하고 엄숙한 일이랍니다. 이야기를 나누며 경청하고 공감하고 힘든 부분의 해결책을 나누기까지 오랜 시간이 필요하니까요. 이 과정에서 만나는 이야기의 힘은 반드시 효력을 발생시켜 줍니다. 이야기의 힘이 변화를 확실하고 빠르게 가져다주기 때문이죠!

이렇게 실천해 보아요

1. 유머가 돋보이는 그림책을 함께 읽고, "이 장면에서 너라면 어떻게 할 것 같아?" 같은 질문으로 상상력을 자극해 주어요. 아이가 자유롭게 이야기를 만들어보도록 격려하고, 엉뚱한 상상도 존중해 주어요.
2. 아이가 슬프거나 화가 났을 때 비슷한 감정을 다룬 그림책을 읽고, "이 캐릭터는 어떻게 감정을 해결했을까?" 질문하고 생각해 보게 해요. 슬픔을 표현하는 것이 괜찮다는 점을 강조하며, 감정을 안전하게 표현할 수 있는 환경을 만들어 주어요.
3. 그림책을 읽고 난 후 "이 부분에서 어떻게 느꼈어?"라고 물으며 아이의 감정을 자연스럽게 나누어요. 하루에 한 권씩 그림책 읽는 시간을 정해, 부모와 아이가 서로의 감정을 공유하는 습관을 만들어가요.
4. 그림책을 읽은 후, 아이가 느낀 점이나 생각을 그림이나 글로 자유롭게 표현하도록 해요. "네가 주인공이라면 어떻게 했을까?"라는 질문을 던져 아이가 자신의 감정을 이야기하도록 연습해요.

2

도깨비불이야? 반딧불이야!

　61살에 어린이책 작가로 제2의 인생을 시작한 윌리엄 스타이그는 왜 그 나이에 어린이책을 쓰게 됐냐는 질문에 이렇게 답했어요.

　"어른답지 못하다고 좌절할 필요는 없다. 때론 어른이 되지 못하는 게 성공의 비결이 되기도 한다. 어린 시절이 즐거웠고, 지금도 어린아이와 있는 것이 어른들과 있는 것보다 훨씬 편하다. 항상 작고 순수한 상태로 있고 싶다. 그것 말고는 할 줄 아는 게 없다."라고요. 거액을 받고 팔 수 있는 원화들을 마음에 들지 않는다고 태워버릴 정도로 '어른답지 못했다.'라고 알려져 있어요.

　아이들을 사랑하고 함께하고 싶은 이유로 사범대에 들어간 시절이 떠오릅니다. 교생 시절에도, 학교를 비롯한 교육 현장에 들어가 있으면 첫사랑을 앓고 있는 것처럼 마냥 설레었어요. 교복을 입고 있는 친구들의 미소만 봐도 절로 어깨가 들썩이곤 했죠. 지금까지도 아이들과의 시간이 마냥 행복하기에 외길을 가고 있는지도 모르겠네요. 윌리엄 스타이그를 좋아하는 이유도 그래서이겠죠. 그의 작품 중 <용감한 아이린>은 음식의 기억으로 힘든 순간을 이겨내게 하는 감동적인 그림책입니다.

강한 눈보라 속에 아이린은 엄마의 옷 배달을 가다가 눈 속에 묻히고 말아요. 하지만 아이린은 당찬 표정으로 다시 일어나 길을 걸어갑니다. 무엇이 죽음과 가까운 순간에 아이린을 일으켜 세운 것일까요? 바로 엄마가 갓 구워낸 빵 냄새였어요. 아이린은 회복 탄력성이 높은 아이입니다. 굴하지 않고 당차게 일어서는 힘을 발휘하죠. 회복 탄력성이 높은 사람들의 공통점 중 하나는 자신을 믿어주고 지지하는 사람이 곁에 있다는 것입니다. 아이린은 자신을 늘 믿어주는 엄마가 있었기에 힘든 순간에도 일어설 수 있었어요. 우리 아이들도 아이린처럼 세상에 힘든 시련이 찾아와도 꿋꿋하게 이겨내기를 바라며 그림책을 읽어줍니다.

초등학생 시절 부모님은 부업으로 조그마한 양돈장을 하셨어요. 몇 마리의 어미 돼지를 키우고 새끼 돼지를 낳도록 보살피셨어요. 어느 날인가 돼지 밥을 주러 나간 엄마는 다급하게 전화하셨습니다. 빨리 산속에 있는 양돈장으로 올라오라는 거예요. 어미 돼지가 갑자기 새끼를 낳기 시작해서 일손이 급하다고요. 매우 위험한 상황이라고 하셨어요. 새끼 돼지는 태어나자마자 이빨을 빨리 잘라주어야 한다고 들었어요. 안 그러면 어미 돼지의 젖꼭지에서 피가 나고 감염될 수 있다는 걸 어릴 때부터 들어와서 알고 있었답니다. 어린 나이인데도 자전거를 타고 산속의 어둠을 뚫고 달려가야 했어요.

지금 생각해 보면 그런 용기가 어디서 나왔는지 대견하다 못해 용맹스럽게 여겨져 웃음이 나곤 합니다. 그러나 문제가 생겼어요. 바로 산속 도깨비불이었던 거죠. 어린 초등학생에게 수많았던 반딧불이의 행렬은 불빛이 뭉쳐져 마치 도깨비불보다 더 무서웠어요. 뒤에서 누가 나를 잡으러 오는 것 같았죠. 미친 듯이 바퀴를 돌려야만 했어요. 너무 무서운 나머지 눈물을 흘리며 제발 엄마가 계신 양돈장에만 무사히 도착하게 해달라는 간절함뿐이었어요. 울면서 앞만 보고 달려갔어요.

도착하자마자 미친 듯이 자전거를 내팽개치고 울면서 달려가 쏟아 부었어요. 마치 래퍼가 하듯이 속사포로 "너무 무서워 죽을 뻔했어요. 무서운 불이 나를 잡으러 왔어요. 엄청난 도깨비불들이….."라고 말하면서 엉엉 우는 저를 보며 땀에 젖은 엄마는 실없는 소리 하지 말고 얼른 새끼 돼지들을 안아주라고 하셨어요. 그때야 사태 파악이 된 저는 울음과 하소연은 뒷전이고 일사천리로 엄마 돼지의 무사 출산을 끝마쳐야 했답니다. 한시름을 놓고 난 후에야 엄마는 입을 열었어요. "그건 반딧불이고, 지금이 가장 많이 출몰하는 시기라서 어두운 산속에는 더 많이 몰려 있단다."라고 현실적인 이야기를 해주셨어요. 울음 섞인 말은 듣지도 않으셨던 엄마는 어린데 산속 길을 어떻게 왔는지 다 알고 있는 것처럼 차분하게 말을 이으셨어요.

"엄마는 네가 용감하게 올 줄 알았고, 설령 무섭고 험난한 길이지만 너라면 분명 잘 찾아올 것이라는 믿음을 한 번도 놓아본 적이 없었단다."라고요. 반백 살이 넘어 어른이 된 제게 그때의 엄마는 한결같이 말씀하십니다. "너는 강한 아이고, 엄마를 믿고 눈물을 삼키며 달려왔던 그때의 용기를 늘 응원하고 있다."라고요! 그랬습니다. 엄마는 제가 이미 엄마라는 커다란 존재를 믿고 있다는 것을 눈치채고 계셨던 것입니다. 아무리 험난한 길이라도 그 믿음이 엄마에게 이끌도록 했을 거예요.

눈물 흘리며 무서움에 떨었던 어린 저를 안아주지 않았던 엄마가 매정하게 느껴질 때도 있었죠. 생계를 위해 새끼 돼지도 살려내야 하는 순간에 딸의 투정 따위는 아랑곳하지 않았으니까요. 속마음은 얼마나 어린 딸의 안위를 걱정했을지 헤아릴 수가 없어요. 그것은 부모가 되고 나서야 알게 되는 진리이기 때문이죠. 자식의 울음을 아마 먼 곳에서부터 듣고 계셨을 거라는 걸 어른이 되고 난 후에야 알게 되었어요.

그렇게 늦은 시간 진땀을 빼고 집으로 돌아오자 김치 명인이신 엄마는 시원한 김치 수제비를 끓여주셨어요. 코를 파묻고 얼마나 맛있게 먹었던지, 다시 콧물 눈물 범벅이 되었어요. 안심되어서인지, 엄마가 곁에 있어서인지, 힘든 시간이 지나가서인지, 그 어떤 이유인지는 알 수가 없었어요. 그때의 김치 수제비는 평생 잊을 수 없는 소울 푸드가 되었어요. 지금까지도 그때의 냄새를 기억하고 있답니다. 우리 아들들에게 이 음식을 해줄 때면 외할머니의 전설을 들려주곤 합니다. 아이들 역시 저의 소울 푸드를 항상 기억하고 있으니까요. 가장 든든하게 해주었던 음식을 평생 잊을 수가 없다고 말입니다. 고향집에 오면 엄마표 된장찌개와 우럭 조림은 먹고 가야 한다고 내려올 때부터 콧노래를 부른답니다. 부엌에서 풍겨 나오는 냄새가 행복감을 불러일으켜 준다고 해요. 후각이 감정과 가장 가까운 감각이기 때문이에요.

아이린이 그랬던 것처럼 삶의 영혼을 갈아 넣어준 음식은 아픈 우리를 벌떡 일으켜 세워줍니다. 그 힘은 평생을 살아가도록 하는 보약 이상의 것이라 할 수 있죠. 같은 경험을 하고 난 후에 나누는 음식 한 그릇이 주는 에너지를 누구보다 잘 압니다. 그래서인지 용기를 내야 할 일이 생기면 그때의 엄마가 끓여준 김치 수제비를 떠올리곤 합니다. 속으로 삼키며 말하죠. '엄마! 용기를 낼 수 있도록 힘을 준 믿음과 한결같은 사랑에 깊은 감사를 드립니다.' 아이들에게도 믿고 지지해 주며 힘을 실어주는 누군가가 있다는 것을 잊지 말라고 전해줍니다. 편지 속에 마음을 써서 고이 간직하라고 했죠. 제가 그랬던 것처럼요!

엄마는 아이와 함께 시련을 이겨낼 수 있는 경험을 하나씩 쌓아두어야 합니다. 그것이 무엇이건 추억이 될 수 있으니까요. 저의 아이들에게도 늘 말해 주었어요. "힘든 일이 있을 때마다 엄마가 곁에서 손을 잡아줄 테니, 걱정하지 말라."고. 이런 믿음이야말로 세상 풍파와 당당하게 맞설 수 있도록 해줄 거예요. 두 아들도 각자의 위치에서 자기 몫을 당당하게 잘해 나가고 있어요. 아마도 삼대에 흐르는 유전자의 힘인가 봅니다!

함께 읽는 경험의 중요성이란 이런 것이겠죠? 단순히 책을 읽는 것이 아니라, 서로의 감정을 나누고, 새로운 시각을 배울 수 있는 기회예요. 그림책 한 권이 마음을 하나로 묶어주는 마법 같은 힘을 가지고 있다는 사실을 잊지 마세요! 가족이 모였을 때, 꼭 함께 그림책을 읽어보세요. 이야기를 나누는 동안 따뜻한 감동과 용기, 웃음을 배울 수 있을 거예요. 누가 알아요? 또 다른 신비한 모험이 우리를 기다리고 있을지도요!

이렇게 실천해 보아요

1. 아이가 실수하거나 힘든 일을 겪었을 때, "괜찮아, 다시 해보면 돼."라는 긍정적인 말로 격려해요.
2. 매일 하루의 일과를 서로 이야기하며 "오늘 기분이 어땠어?"라고 물으며 감정을 나누는 시간을 가져요.
3. 용기를 주는 그림책(예: 주인공이 어려움을 극복하는 이야기)을 함께 읽고, "너라면 어떻게 했을까?"라고 질문하며 아이의 생각을 들어보아요. 아이가 슬프거나 불안할 때, 비슷한 감정을 다룬 그림책을 읽고 "이 캐릭터는 어떻게 이겨냈을까?"를 함께 이야기해 보아요.
4. 아이와 함께 요리하며 "이 음식은 우리를 따뜻하게 해주는 마법 같은 힘이 있지."라고 말하며 일상 속 위로의 순간을 가져보아요. 산책 중에 예쁜 꽃이나 하늘을 보며 "이런 작은 것들이 우리를 기분 좋게 해주는 선물이야."라고 이야기하며 일상의 아름다움을 느끼게 해요.
5. 아이와 함께 "오늘 나를 위해 가장 잘한 일이 뭐였어?"를 서로 이야기하며 자기 돌봄의 가치를 배워요. 감정을 잘 표현한 날에는 "네 기분을 솔직하게 말해줘서 고마워."라고 칭찬하며 감정을 표현하는 것을 긍정적으로 받아들여요.

3

똥낑이의 전설

"선생님! 강아지 어디 갔어요?", "보여주세요! 얼른요."

수업에서 제일 잘 통하는 주제는 반려견 이야기입니다. 공감대 형성이 잘될 뿐만 아니라 집중력이 최고치에 달하죠. 강아지 이야기를 경청하고, 서로의 반려견에 대해 하고 싶은 말이 너무나도 많아요. 이야기 나누다 보면 시간 가는 줄 모른답니다. 이런 이야기꾼들이 있나 싶어요. 강아지에 대해서는 종일이라도 말을 할 것처럼 떠들어댑니다. 강아지에 대한 표현은 명작가 이상이라 할 수 있어요. 그만큼 반려견에 대한 사랑은 최고의 관심사라 할 수 있어요.

<사랑하는 까닭>의 그림책을 읽는 동안 눈물을 흘릴 수밖에 없었어요. 한용운 시인의 시 「사랑하는 까닭」을 원작으로 만든 그림책인데요. 떠돌이 강아지와 외로운 할아버지의 만남을 통해 전해주는 따뜻한 사랑에 울컥합니다. 수업 나간 친구 집에는 착한 강아지가 살고 있었어요. 어찌나 얌전하고 온순한지 천사가 내려온 것 같은 눈망울을 가졌어요. 이제까지 본 강아지

중에 이렇게 눈이 예쁜 강아지는 처음이었어요. 수업 도중에 강아지를 안고 교감하는 장면을 보면 사랑스러운 나머지 보기만 해도 절로 가슴이 뭉클해졌어요. 우리 집에도 이런 강아지 한 마리가 있어요.

똥껑이! 눈이 펄펄 내리던 한겨울에 큰아들의 외투 주머니 안에 담겨 온 강아지였어요. 너무 어려서 우유를 타서 먹이며 애지중지 키웠죠. 이때부터 저를 엄마로 알고 각인된 오리처럼 졸졸 쫓아다녔어요. 동고동락의 긴 여정은 이때부터 시작된 거예요. 매일 두세 번씩 산책하고 교감을 나눴어요. 서로 눈빛을 교환하고 감정을 나누기도 한답니다. 우리의 우정은 사랑 이상으로 발전하기 시작했어요. 저는 처음부터 강아지를 좋아하지는 않았어요. 왜냐하면 어린 시절 강아지에 얽힌 무섭고 위험했던 트라우마가 있었기 때문이었죠. 그걸 알면서도 덜컥 강아지를 데려온 아들들은 가장 바쁜 고1, 고2 시절을 보내고 있었어요. 돌봄은 고스란히 저의 몫으로 남겨졌지요.

아들들은 하루의 시간을 학교와 학원, 독서실에서 보내고 돌아왔어요. 애틋하게 예뻐해 주는 일만 할 뿐이었죠. 사랑을 듬뿍 쏟았답니다. 강아지를 키우는 수고스러운 일은 제 차지였어요. 삶에서 '똥껑이'는 중요한 존재로 자리매김하고 말았어요. 여행을 가거나 며칠 집을 비우면 걱정되기 시작했어요. 심지어 보고 싶은 마음도 생겨났지 뭐예요. 정말 신기한 일이죠? 무서워하던 존재가 사랑의 감정으로 바뀌다니요? 반려견을 키우는 가족들이 그러겠지만, 아이러니한 일이었어요. 아이들은 주체적으로 반려견을 키우고 책임감 있게 끝까지 돌봐줘야 한다는 약속을 했을 거예요. 그러나 바쁜 아이들의 일정은 그것을 감당해 낼 수가 없는 거죠.

그렇게 정이 들어가기 시작하던 어느 날이었어요. 산책하던 똥껑이가 건너편 강아지에게 반갑게 달려가는 바람에 자동차가 어둠 속 똥껑이를 발견하지 못한 채 치고 말았어요. 데굴데굴 굴러서 튕겨 나간 똥껑이는 본능적으로 벌떡 일어나 제 품 안으로 힘껏 달려 들어오는 게 아니겠어요. 마치 자신을 살려 달라는 듯, 주인을 향해 돌진해 오는 모습을 바라보며 불현듯 이런 생각이 들었어요. 다친 자기를 버릴까 봐 겁이 난 건지, 본능적으로 무서운 건지, 살고 싶다고 생각했을까요? 다쳐서 누워 있어야 하는데 필사적으로 달려와 품 안에 들어온 순간 우리는 운명적으로 함께해야 하나 보다 하는 감정이 느껴졌어요. 다른 때보다 더 애틋하게 안아주게 되었죠.

지금도 그때의 기억을 떠올리면 곁에 누워 있는 똥껑이를 한 번 더 사랑스럽게 쓰다듬어주곤 합니다. 살아주어서 고맙고, 살려고 달려와 목숨을 건지려는 생명체가 무언가 찡한 울림을 주었답니다. 생명의 존엄함이란 인간이든 동물이든 같은 거라는 가르침까지도요. 아픔과 상처가 있는 강아지도 한 식구가 되면 이렇게 애틋하고 사랑스러운 존재로 다가오는데, 하물며 가족 구성원은 말할 필요가 없을 거예요. 곁에 있는 아이들이 아프지 않고 건강하게 잘 자라주어 행복을 누리고 있으니까요. 그런 아이들이 사랑하는 반려견, 반려묘라면 사랑해 줘야 할 까닭이 여럿 있을 거예요.

강아지로 통하고 강아지로 맺어준 고마운 인연들이 많아요. 이 글을 쓰게 된 이유도, 작가의 길을 걷게 된 소중한 만남도 '똥껑이' 덕분이에요. 이웃에 가까이 사는 언니와 산책길에 자주 마주치곤 했어요. 똥껑이가 언니네 강아지를 보면 유난히 좋아해서 정신을 놓아버리는 거예요. 언니네 강아지 이름은 둘리였고, 그 둘의 사랑과 우정이 시작되었답니다. 바로 둘리의 주인인 언니와 함께 글쓰기와 책을 내보자는 결의를 맺게 되었죠. 평생 글 쓰는 삶을 살자고 약속했답니다. 똥껑이와 둘리가 놓아준 인연의 끈으로 만나게 된 운명이랍니다. 더불어 사는 삶도 풍성해졌고 나눌 수 있는 이야기들도 많아졌어요. 강아지를 키우며 공감할 수 있는 일들이 많으니 재미로 가득합니다. 모든 순간이 글감이라며 즐거워하죠. 참으로 감사하고 행복한 일입니다.

똥껑이의 이야기를 알고 있는 친구들의 수업에서는 첫 인사가 '똥껑이'의 안부부터 묻는 것이랍니다. 이야기는 편안하고 친근하며 유쾌하게 시작되는 것이죠. 아이들은 특별히 반려견과 공감을 나누는 그림책을 좋아합니다. 안녕달 작가의 <메리>는 해맑은 시골 개 이야기에요. 무심한 듯 살가운 할머니와의 우정 이야기죠. 강아지 메리의 등장으로 신이 납니다. 메리와 나누는 소소한 일상을 보여주죠. 반려견과의 사랑은 많은 가르침을 주었어요. 짧다면 짧은 시간이지만, 반려견과의 사랑은 전혀 가볍지 않아요. 함께한 순간들은 마음속에 단단히 새겨지고, 이별 후에도 그 온기는 오래도록 남아 우리의 삶을 지탱해 줄 거예요. 저도 똥껑이를 처음 만났을 때의 당혹스러움을 이겨내고 번거롭고 수고스러운 일을 참아내고 있어요. 더불어 살아가는 이유를 알게 해주었으니까요. 그림책으로 받아들이며 기꺼이 즐거운 마음으로 동고동락해야 한다는 긍정적인 생각을 하게 됐어요.

자연에서 생명 존중의 마음을 배우게 되었죠. 나누는 삶과 믿고 의지하며 살아가는 상생을 넓은 의미에서 찾게 되었어요. 아이들에게 무엇을 가장 좋아하냐고 물어봐 줍니다. 왜냐하면 아이들은 자기가 좋아하는 것을 같이 좋아해 주는 어른을 믿고 따르며 행복해하기 때문이죠. 만약 지금 가족 안에서 아이들과 공감이 어렵다면 바로 물어보세요. "가장 좋아하는 게 뭐니?"라고요. 그게 꼭 동물이 아니어도 상관없어요. 다른 무엇으로도 공감대가 형성되는 순간 갈등 구조는 서서히 풀려나갈 거예요. 아이들은 자신이 좋아하는 걸 물어봐 주는 것만으로도 기뻐합니다. 마치 우리 집 강아지를 누군가 예뻐해 주면 기분이 좋아지는 것처럼 말이에요. 공감이란 게 꼭 눈물 젖은 감동만 있어야 하는 건 아니에요. 같이 좋아하는 공통 관심사도 공감의 중요한 요소예요!

그림책 속에서 아이도, 어른도 같은 감정을 느끼게 됩니다. 서로 통하고 있다는 거죠. 짧은 이야기 속에 담긴 감정의 깊이는 생각보다 크거든요. 가볍고 유머러스하게 표현하면서 쉽게 공감하게 되죠. 그러니, 마음속에 그림책 한 권씩 품고 살아가는 건 어떨까요? 멀게만 느껴지는 마음의 다리를 건너 아이들과 충분히 공감할 수 있을 거예요. 서로 바라보는 눈빛만으로요!

이렇게 실천해 보아요

1. 아이들에게 "가장 좋아하는 게 뭐야?" 자주 물어보고, 관심사를 함께 즐기며 공감의 폭을 넓혀요.
2. 반려동물을 키울 때 돌봄의 책임감을 강조하며, 아이들이 작은 생명을 소중히 여기는 태도를 보이도록 도와요. 정기적인 산책, 목욕시키기, 돌봄 활동에 아이들도 참여하도록 해요.
3. 가족 구성원이 함께 반려동물과 시간을 보내며 자연스럽게 대화를 늘려 서로의 감정을 나누는 기회를 만들어요.
4. 반려동물과 관련된 그림책을 읽으며 생명의 소중함과 사랑의 의미를 자연스럽게 알아가요.
5. 반려동물과 함께한 특별한 순간들을 기록하거나 나누며 관계의 소중함을 배워요.

4
슈퍼 맘의 슬픔

월별 테마 프로그램을 진행할 때 고민되는 부분 중 하나가 책 선정이에요. 특히 5월이 시작되면 반드시 읽는 그림책이 있는데, <돼지책>이에요. 책 표지만으로도 시선을 사로잡고 제목에서부터 호기심을 불러일으키죠. 아이들의 시선에서 가족 구성원의 역할과 정체성을 찾기에 안성맞춤이랍니다. 특히 엄마의 역할과 표정이 두드러지게 보이는데요. 보통 가족 안에서 아버지는 가족 전체를 책임지는 존재로 여겨지죠. 그런데 책 속의 엄마는 모든 것을 슈퍼 맘처럼 혼자 해내고 있어요. 이 설정은 우리가 흔히 받아들이는 상식을 뒤집어 버리죠. 왜 이런 일이 생긴 걸까요?

엄마 혼자 집안일을 도맡고, 가족 간 대화나 협력은 전혀 보이지 않아요. 그러던 어느 날, 엄마는 "너희들은 돼지야!"라는 편지만 남긴 채 홀연히 집을 떠납니다. 남겨진 가족들은 직접 밥을 해 먹어야 하는 상황에 놓이지만, 끔찍한 맛을 경험하게 되죠. 시간이 지날수록 집은 돼지우리처럼 엉망이 되고 맙니다. 굶주림에 허덕이며 먹을 것을 찾아 헤매던 어느 날, 엄마가 돌아오게 되어요. 가족들은 그녀에게 용서를 구합니다. "미안해요. 잘못했어요."라고 말하는 장면은 중요한 전환점이 됩니다. 자신들의 잘못을 깨닫고 반성하는 모습이 그려지죠. 이후 가족들은 각자의 역할을 찾아가며 성별 구분 없이 함께 집안일을 합니다. 아이들이 중요하게 생각하는 지점이 드러난 거예요.

앞으로 살아갈 아이들은 남녀 구분 없이 집안일을 하는 세대가 될 거예요. 가사 노동의 가치를 이해하고 존중하는 어른으로 성장해 나가겠지요. 수업 중에 아이들에게 질문했어요. "가족들이 공평하게 가사 분담을 하나요? 어머니가 일도 하면서 집안일을 도맡아 하고 있나요? 아버지는 함께 도와주고 있나요?" 아이들의 대답은 대부분 같다는 게 놀라웠어요. "어머니가 일도 하면서, 집안일을 거의 혼자 하고 계세요."

〈돼지책〉은 우리 사회와 크게 다르지 않다는 점에서 위로받게 됩니다. 가사에 동참하지 않는 사람이 보면 불편해지는 책이기도 하지요. 결국 반성한 남편과 아이들이 가사 분담을 하게 되면서, 엄마는 여유롭게 좋아하는 일을 하며 행복한 미소를 지어요. 처음으로 등장하는 엄마의 웃는 얼굴이 보여요.

그림책을 읽고 나면 수많은 질문이 떠오릅니다. "왜 이 가정에는 대화가 사라졌을까? 피곳 부인은 왜 참고만 있었을까? 이 가정에서 힘든 사람은 엄마뿐이었을까? 각자 역할을 찾은 후 가족은 행복해졌을까? 그렇지 않다면 불행하기만 했을까?" 질문을 깊이 파고들다 보면, 가족의 모습뿐만 아니라 우리 사회까지도 되돌아보게 됩니다. 고학년인 친구들과 열띤 생각으로 토론의 장이 펼쳐지기도 한답니다. 그 과정에서 자신의 성 역할과 정체성을 다시금 바라보게 되죠.

엄마의 빈자리가 가족에게 큰 영향을 미친다는 점에서, 우리 현실과도 맞닿아 있어요. '습관은 고치는 것보다 예방하는 것이 더 빠르다.'라는 유명한 말이 있죠. 우리는 무의식적으로 집안일을 엄마나 아빠의 몫으로 구분하며 살아갑니다. 습관이 되어버린 삶처럼요. 하지만 가족은 한 사람만 희생하거나 헌신하는 곳은 아니잖아요. 점점 변화하고 있는 가족 역할의 모습은 긍정적인 방향으로 나아가고 있어요. 아이들이 살아갈 세상에서는 남녀의 일이 정해져 있지 않을 테니까요.

아이들이 어릴 때, 바쁜 아빠를 대신해 축구공을 들고 수목원에서 놀아주곤 했어요. 대부분 함께 온 사람들이 아빠였죠. 축구라면 아빠와 함께하는 모습이 익숙하지만, 엄마인 제가 매주 아이들과 어울리는 모습을 낯설게 바라보지는 않았어요. 캠프, 탐험, 여행, 각종 행사도 모두 제 몫이었지요. 덕분에 아이들과 한 팀처럼 끈끈한 시간을 보낼 수 있었답니다. 지금까지도 우리 아들들과 잊지 못할 소중한 추억으로 간직하고 있어요. 아들들은 아빠의 역할, 엄마의 역할이라는 구분이 필요 없다는 걸 생활 속에서 자연스럽게 느꼈던 거예요. 이 일화를 반 친구들에게도 들려주었죠. 아이들이 제게 힘찬 박수를 보내주었어요. 기쁜 마음을 선물로 화답해 주었어요. 선물 보따리 안에서 'WHO AM I' 카드를 꺼냅니다. 책상 위에 펼쳐놓고, 조별로 뽑아서 질문을 듣고 대답해 주었어요. 이런 과정에서 이해의 폭을 넓혀가며 자신만의 캐릭터를 만들어가는 거예요. 아이들이 너무 좋아하고 재미있어하는 카드 활용 시간이랍니다.

한번은 학회 일정으로 2박 3일 동안 서울에 가야 했어요. 남편과 강아지만 남겨두고 떠나는 게 걱정스러웠죠. 미리 준비를 철저히 해놓았지만, 불편한 점이 많을 거라 예상했어요. 그런데 걱정과는 달리 한 번도 밥을 해본 적이 없던 남편이 집안일을 완벽하게 해놓았어요. 빨래하고 청소까지 해놓았더군요. 게다가 강아지 산책도 잊지 않았어요. 그제야 깨달았어요. 가족은 역할을 나누어야 하는 게 아니라 서로 배려하고 이해해야 한다는 사실을요. 이후 출장이나 외출이 있을 때마다 남편이 자연스럽게 가사와 반려견을 챙겨주는 모습에 늘 감사함을 느낀답니다. 가족은 돕고 살아가는 공동체니까요.

가정은 작은 사회입니다. 부모의 모습을 보며 아이들은 자연스럽게 세대 전수를 이어 나가요. 이 시대를 사는 아이들은 협력하며 바람직한 가정을 이루기 위해 고민하는 세대예요. 수업 중에 'IF' 토론을 통해 서로의 생각을 펼쳐 보입니다. "선생님, 저는 결혼하면 아내와 아이들이 서로 도우면서 살아가는 가정을 꿈꿔요." 책을 읽고 난 후 남학생이 말해 줍니다. "미래에 살게 되면 남녀의 할 일이 따로 있는 게 아니라 서로 도우면서 살아가야 하지 않을까요?" 여학생들도 목소리를 높입니다. 남녀의 역할이 구분되어 있지 않다는 걸 증명해 주는 좋은 말들이 쏟아져 나왔어요. **남성도, 여성도, 그**

==어떤 성별도 특정한 역할에 갇히지 않고, 자신의 재능과 개성을 마음껏 펼칠 수 있을 때 사회는 더 따뜻하고 조화로운 곳이 될 거예요. 작은 사회에서 이러한 가치가 만들어질 때 더 넓은 사회에서도 협력하며 살아갈 수 있으니까요.==

아이들은 그림책 속 긍정적인 캐릭터를 통해 이상적인 모습을 찾아갑니다. 각 발달 과정에서 필요한 역할을 익히고, 타인과 협력하는 가치를 배우죠. 또한 자신과 다른 성격을 가진 친구들을 이해하며 공존의 의미를 생각해 봅니다. 그림책 속 캐릭터를 통해 자신의 정체성을 찾아가는 아이들의 모습을 보면 흐뭇해집니다. 진지하게 고민하는 아이들의 모습이 곧 우리 사회의 미래일 테니까요!

이렇게 실천해 보아요

1. 가족 구성원들이 집안일을 나누어 맡도록 주간 가사 일정표를 작성하고 실천해 보아요.
   아이들에게 설거지, 쓰레기 분리수거, 방 정리 등 나이에 맞는 집안일을 정해 주고, 역할 수행 후 칭찬과 보상을 통해 책임감을 길러주어요.
2. 그림책을 읽은 후 "집안일은 누구의 몫인가?", "가족이 서로 돕는 것은 왜 중요할까?"라는 주제로 자유롭게 토론해 보아요. 'IF' 토론(만약 우리 집에 엄마가 없다면? 아빠가 집안일을 혼자 한다면?)을 통해 다양한 상황을 상상하며 가사 분담의 필요성을 알아가요.
3. 하루 동안 부모와 역할을 바꿔보는 '가사 체험 데이'를 운영해 가사 노동의 어려움을 이해하고 공감하도록 도와요. '우리 집 가사 참여 챌린지'를 진행해 가족이 함께하는 집안일 사진을 공유하고, 그림책에서 배운 내용을 실생활에서 적

용하도록 아이들이 직접 가사 목록을 만들어보게 해요.
4. 'WHO AM I' 카드를 활용해 자신의 역할과 가족 안에서의 위치를 탐색하고, 서로의 역할을 존중하는 태도를 키워요. 역할극을 진행해 가정에서 발생하는 상황을 재연하고, 협력의 중요성을 체험해요.

5

그림책이 품은 엄마의 사랑

만남 중에 마음에 오래 남아 가시처럼 아픈 친구가 있어요. 사별로 인해 조손 가족에 놓인 친구들에게는 긴밀한 끈을 놓을 수가 없어요. 이런 상황의 친구들을 위한 그림책을 선별할 때는 최대한 감정 상태와 개인적인 상황을 고려하게 됩니다. 이야기 나누기와 야외 활동까지 장기적인 나눔을 가져가야 하기 때문이죠. 수시로 감정을 체크하고 난 후에 부정적이고 분노하는 감정을 읽어냅니다. 스스로 타협하고 수용해 나가는 과정을 옆에서 꾸준하게 지켜보아야 해요. 왜냐하면 우울의 단계가 심해지지 않도록 하기 위해서랍니다. 우울증으로 넘어가는 순간 치유보다는 치료 개념으로 접근할 수밖에 없는 상황에 놓이게 되니까요.

아이들의 연약함을 지켜주되 때론 그로 인한 성장을 격려해 주기도 합니다. 매몰차게 들릴지 모르지만, 고통이나 상처는 우리를 괴롭히는 감정 덩어리만은 아니라는 것이죠. 그러니 무엇으로 슬픔을 달래야 하는지, 상처를 치유해 주어야 하는지, 어떻게 극복해 나갈 것인가를 깊이 고민합니다.

그럴 땐 그림책의 힘을 빌려올 때가 많아요.

주 양육자인 할머니는 아이의 세상 전부가 되어버렸습니다. 수업 도중 <무릎딱지>의 엄마를 떠올리려는 장면에 "엄마, 엄마~" 애절하게 부르는 아이를 보았어요. 눈시울이 뜨거워지고 목이 메어옵니다. 얼마나 그립고 보고 싶으면 이렇게 울부짖는지 가만히 안아줍니다. 가슴이 미어지는 상황을 극복하기란 정말 쉽지 않았어요. 그래서인지 애정 표현을 유난히 자주 하는 친구랍니다. 처음에는 많이 당황했지만, 서서히 이해하게 되었어요. 아이도 마음이 편안해져 가는 걸 느낄 수 있었으니까요. "안아주는 선생님이 너무 좋아요."라는 말을 들려줍니다. 누구와 무엇을 해보고 싶냐는 질문에도 어김없이 선생님과 하고 싶다는 말을 써넣곤 했어요. 이해가 가면서도 마음이 아려옵니다. 아이는 엄마와 손을 잡고 등교하는 친구를 제일 부러워했어요. 심리적 안정감과 올바른 애착 형성을 위해 여러 가지 활동을 준비합니다. 그림책 속 등장인물의 감정을 함께 이야기하고, 자신만의 감정 카드를 만들어 표현해 보는 것이죠.

마음을 짠하게 하면서 긍정의 에너지를 받게 되는 그림책 <무릎딱지>를 선정했어요. "엄마가 죽었다."로 덤덤히 시작되는 아이의 독백. 더운 여름에도 창문을 꼭꼭 닫아두고 엄마가 남긴 것을 집 안에 가둬두려는 아이. 넘어져서 무릎에 생긴 상처가 아플 때, 엄마가 달래주는 소리가 들리는 것 같아서 일부러 딱지가 생기면 떼어내 자해하기도 하는 아이에게 할머니가 찾아옵니다. 그리고 상처를 서서히 회복시켜 줍니다. "여기, 쏙 들어간 데 있지? 엄마는 바로 여기에 있어. 엄마는 절대로 여길 떠나지 않아."

그림책 속 할머니의 진심 어린 위로의 말이 닫힌 마음에 햇살처럼 비춰 줍니다. 더운 날씨에도 엄마의 향기를 갖고 싶어 문을 닫아두었던 아이는 보이지 않는 엄마가 가슴속에 있다는 말로 치유가 됩니다. 비로소 아이의 무릎엔 어느새 작은 딱지가 생겨난 거예요. 무릎에 난 상처의 딱지가 아물어 매끈한 살이 나 있는 것을 확인하고 더 이상 울지 않아요. 가슴에 손을 올려 심장이 뛰는 소리를 들으며 편히 잠듭니다.

엄마의 죽음을 가슴으로 받아들인 주인공처럼 지금 상담 속에 있는 아이도 위로받기를 기대해 봅니다. 그림책이 주는 위로와 감동으로 먹먹함이 오래 갔습니다. '무릎 딱지가 아물고 매끈하게 새살이 올라오기까지 견디고 이겨내는 시간이 필요합니다. 함께 있어주는 할머니처럼 좋은 어른들이 손을 잡아주길 바랍니다.' 속으로 읊조리며 저도 이런 현장에 있어 다행이라고 생각했어요.

상실과 애도에서 오는 눈물을 흘릴 수 있도록 충분한 시간을 같이 견뎌주어야 합니다. 아이들 감정이 흐르는 대로 치유의 글쓰기를 하는 시간을 주었어요. 울음이든, 걷기든, 글쓰기든 원하는 것을 해줄 때 안도감을 느낍니다. 회복하려는 의지를 보여주기 때문이죠. 상실의 수업을 접할 때면 아이들이 원하는 활동을 추가해서 함께 합니다. 왜냐하면 누구도 아이의 아픔이나 슬픔을 고스란히 이해하거나 알아줄 수가 없기 때문입니다. 조심스럽게 개개인의 상황과 처지를 깊이 들여다보게 됩니다. 세심한 배려와 관심이 필요하기도 하죠. 충분한 애도의 시간.

아이의 무릎 딱지에 매끈한 살이 올라오는 동안 곁에 머물러주는 것! 더 나눠줄 수 있는 게 있다면 참으로 좋겠다고 생각해 봅니다. 우연히 동시성처럼 다시 꺼내 읽게 된 『죽음의 수용소에서』 빅터 프랭클의 대화가 떠오릅니다. 삶 속에서 회복의 힘을 실어주는 글로 위안받기를 바랍니다.

2년 전에 부인과 사별한 후 우울증에 빠진 노의사가 찾아왔습니다. 사랑하는 사람을 잃은 고독과 상실감으로 삶의 의미를 잃어버린 노의사에게 빅터 프랭클이 물었습니다.

"만일 당신이 먼저 죽었다면 어떻게 되었을까요?"

"안 됩니다. 아내는 이 고통을 감당할 수 없습니다."

"그렇죠. 부인은 이 괴로움을 면하게 된 겁니다. 그 괴로움으로부터 부인을 구한 것은 바로 당신이에요."

노의사는 프랭클의 손을 조용히 잡았다가 물러갔습니다.

사랑하는 사람들 간에는 먼저 죽은 쪽이 남은 고통을 지지 않으면 안 됩니다. 살아남은 자는 먼저 간 자의 괴로움을 구해준 것입니다. 이렇게 살아있는 의미를 자각시키는 게 의미 치료입니다. 심리 치유 공부 과정에 의미 있게 다가온 로고 테라피(의미 치료)였어요. 상담에 가장 많이 활용하고 꾸준히 연구해 나가고 있답니다. 로고 테라피에는 상실의 아픔을 이겨내도록 하는 그림책이 많이 있어요. 깊이 있는 책들은 고학년을 위해 활용하고 있죠. 그림책 <슬픔을 건너다>, <마음이 아플까 봐>, <내가 함께 있을게> 등은 따로 이야기를 많이 나눌 기회가 있었어요. 연결해서 아이들에게 상실과 애도를 통해 새로운 시각을 갖도록 해주었죠. "**상실이란 끝이 아닌 새로운 시작이에요. 사랑했던 이들의 기억을 품고, 그들의 이야기를 계속 나누며 살아가는 것, 그것이 바로 애도의 진정한 의미랍니다.**" 활동으로는 또래 심리상담소를 만들어 의견을 나누며 깊이를 더해갔어요.

대표적인 <철사 코끼리>는 소중한 존재를 잃은 소년이 철사로 코끼리를 만들어 그리움을 표현하며, 상실의 감정을 건강하게 다루는 방법을 보여주는 그림책이에요. 사랑하는 이를 기억하기 위한 노력, 함께했던 소중한 시간을 마음속에 새겨놓아요. 결국 아이는 그리움 속에서도 행복했던 순간들을 떠올리며, 마음의 안정을 되찾거든요. 이처럼 그림책을 통해 슬픔을 공유하고, 감정을 이해하며, 치유의 길로 나아갈 수 있어요. 상실의 아픔을 지나 사랑의 기억을 온전히 품고 살아갈 수 있답니다. 의미 있는 그림책 한 권에서 삶의 희망과 이유를 찾을 수 있다니 울고 웃는 매 순간이 기적입니다.

이렇게 실천해 보아요

1. 아이의 다양한 감정을 시각화한 감정 카드를 제작해 자신의 기분을 표현하도록 해요. 상실과 슬픔을 글로 풀어낼 수 있도록 자유로운 글쓰기 시간을 가져보아요. 매일의 감정을 기록하는 감정 일기를 써요.
2. 상실에 대한 아이의 감정을 세심히 살피고, 정기적인 심리 상담을 통해 우울로 이어지지 않도록 예방해요. 아이가 고인을 기억하며 애도를 표할 수 있는 공간

(기억 상자, 추모 코너 등)을 조성해 마음을 표현하게 해요.
3. 아이가 신뢰할 수 있는 어른과 함께 시간을 보내고, 포옹과 따뜻한 말로 안정감을 주어요. 상실 상황을 재연하는 역할극을 통해 감정을 표현하고, 건강한 애도 방식을 연습해요.
4. 산책, 운동, 예술 활동 등 몸을 움직이며 기분 전환을 돕는 긍정적인 활동을 함께해요. '사랑하는 사람을 위해 내가 할 수 있는 일'을 고민하고, 자발적 봉사나 기념 활동을 격려해요.

6

나는 나일 뿐이야!

　상담하는 친구들의 가족 형태는 그야말로 다양합니다. 이혼 가족, 조손 가족, 한부모가족, 다문화 가족, 청각장애인, 언어장애 가족 등이죠. 특히 언어 발달이 늦어져 말을 정확하게 못 하는 친구와의 만남은 늘 저를 긴장하게 합니다. 왜냐하면 입 모양과 구강 구조, 심지어 끊어 말하는 호흡까지도 신경 써서 들어야 하기 때문이에요. 일반 친구들과 다른 구강 구조에 주의를 기울여야 하는 특별한 시간이랍니다. 친구들과 다르다는 이유로 마음이 닫혀 버리지는 않는지 세심하게 살펴야 해요.

　말을 하고 싶어 하는, 표현의 욕구가 높은 친구, 언어에 불편함이 있는 친구를 만났어요. 어떤 그림책이라도 읽고 나면 연상되는 단어들을 이어 문장으로 표현하려고 합니다. 말은 정확하게 못 하지만 쓰기는 자유롭게 이루어져 글쓰기를 즐거워하는 친구이기도 하지요. 여러 차례 만나면서 가족 중에 어머니가 청각장애를 갖고 있다는 것을 알게 되었어요. 동생 역시 언어 치료를 해야 할 정도로 심각한 상태였죠. 둘 다 말로 표현하는 것을 좋아하니 그나마 다행이었어요. 앞으로 심리적이고 정서적인 치유를 포함한 가능성이 엿보였으니까요. 그림책을 좋아해서 책을 읽어달라고 조르기도 합니다. 읽은 내용에 대해 표현하는 데는 누구보다 적극적이에요. 그림책 읽는 것을 좋아하고, 만날 날을 기다리는 천사와도 같은 친구이죠.

인생 책이기도 하고 가장 좋아하는 그림책 <나는 강물처럼 말해요>를 보여주었어요. 실제 언어장애를 겪었던 시인 조던 스콧의 자전적인 이야기에요. 생각을 매끄럽게 말할 수 없었던 조던에게 너는 강물처럼 말한다고 해준 아빠의 말이 삶을 어떻게 바꾸는지 보여줍니다. 학교에서 발표 시간에 잘못해 낸 것이 내내 속상한 아이를 아빠는 강가로 데려갑니다. 아이의 슬픔과 서러움을 묵묵히 지켜보는 아빠는 "강물이 어떻게 흘러가는지 보이지? 너도 저 강물처럼 말한단다." 아이는 말합니다. "나는 강물을 보았어요. 물거품이 일고, 소용돌이치고, 굽이치다가 부딪쳐요." 강물을 보면서 자신의 언어장애를 극복하게 해준 아빠의 위대한 사랑이 느껴집니다.

또래 아이들처럼 말할 수 없는 친구 얼굴이 어두운 먹구름 같았어요. '난 삐뚤어질 거야.'라고 얼굴에 드러내는 화난 아이는 그림책을 보고 나서는 조용히 눈물을 훔쳤어요. 자신과 닮은 모습이 보여서인지, 자기와 같은 아이를 보고 안도해서인지 알 수 없었어요. 그림책 속 아빠는 말을 더듬는 것이 부족하거나 못나서가 아니라, 강물 같은 자연의 움직임이라는 것을 직시하게 해주었어요. 이 대목에서 친구는 자신도 다르지 않다고 느꼈을 거예요. 강물의 속도와 소리, 움직임을 보며, 마치 더듬거리며 말하는 것과 비슷한 일들이 자연에도 일어나고 있다고. 그러니 크게 보라고 일깨워 주었어요. 조던은 이렇게 말합니다. "말을 더듬는 건 두려움이 따르는 일이지만 아름다운 일이에요. 물론 나도 가끔은 아무 걱정 없이 말하고 싶어요. 우아하게, 세련되게, 당신이 유창하다고 느끼는 그런 방식으로요. 그러나 그건 내가 아니에요." 다른 사람들에게 나를 이해시키는 것보다 나를 인정하고 받아들이는 것이 중요하다는 걸 깨닫는 순간이었어요.

아이들은 저마다 부족함이나 서투름을 갖고 살아가고 있어요. 세상에 아주 완벽한 사람이란 없으니까요. 지금 저와 함께하는 친구도 비록 강물처럼 말하고 있지만, 먼 훗날 제2의 조던 스콧이 될지도 모르겠네요. 반 아이들과 다르지만 스스로 자신을 받아들이고 있으니까요. 조금 느릴 뿐이고 정확하지는 않지만 아무도 언어장애라고 비난해서는 안 되는 이유이죠.

"선생님, 다른 친구들보다 조금 다르게 말하지만, 나는 그런 내가 좋아요. 나는 나일 뿐이니까요."라고 쓴 종이를 살포시 내밉니다. 부끄러워하는 친구를 꼭 껴안아 주었어요. 자신의 부족함을 '나다움'으로 바라보며 오늘도 천천히 가고 있는 친구를 맘속으로 응원해 주었답니다. 누구와도 같지 않은 오직 나만이 가진 장점에 집중하도록 말이죠. 조금 늦더라도 천천히 가고 있는 친구에게 조던의 아빠처럼 의미 있는 타자가 될 것을 약속해 주었어요. 앞으로도 변함없이 지켜봐 주겠다고.

남과 다른 것을 받아들이며 자신을 소중히 여길 줄 아는 친구의 성장을 보며 저를 돌이켜 보게 되었어요. 어린 시절 반 친구들보다 잘 못하는 게 있으면 자신을 원망했어요. 속으로 '그것도 하나 제대로 못 한단 말이야.' 하고 비난했던 때를 떠올려봅니다. '그건 너의 잘못이 아니라고, 사람은 누구나 완벽할 수 없다고. 다르다는 걸 받아들이고 장점을 발견해 나가라.'고 말해 주는 의미 있는 타자가 제게도 있었다면 어땠을까요? 스스로 못났다고 생각하며 속상해하는 시간에, 이 친구의 말처럼 '나는 나일 뿐이야. 나를 사랑해야지.'라고 다독여 가면서 위로하고 나만의 장점을 찾아나갔을 거예요. 그때의 어린 저도, 지금 만나는 친구도 다름을 인정하며 성장해 가고 있어요. 앞으로 만나는 친구들에게 많은 성찰과 배움을 받을 거예요. 그림책으로 심리 공부하면서 가장 잘한 일은 '나를 먼저 인정하고 다독이는 것'이라는 말이 떠오르는 순간이었어요.

청각장애를 가진 어머니가 혼자 양육하는 것이 어려워, 할머니께서 도와주고 있었어요. 아이의 부족함을 덮어주기보다는 유연한 시기에 언어 치료를 권장해 주었어요. 하고 싶은 말을 자유자재로 하는 날이 빨리 왔으면 좋겠다고 기대하고 있으니까요. 가정과 연계하여 동참하며 상호작용을 해나가는 게 중요한 과제였죠. 아프리카의 속담인 "한 아이를 키우는 데는 온 마을의 힘이 필요하다."라는 말처럼요. 가족 안에서 도움의 손길을 바라는 친구들이 기다리고 있어요. 약점이나 부족한 점을 표현할 줄 몰라 혼자만의 세상으로 숨어 들어간 친구도 있어요. 친구들마다 모두 다르니까요. 그림책을 볼 때는 집중했지만, 말을 하려고 하면 위축되어 절대로 하지 않겠다고 선언하는 친구도 있어요. 아예 집중조차 하지 못하는 친구도 있답니다. 이렇게 다양하지만 모두 소중한 친구들이에요. 이럴 때 그림책은 아픈 부위를 적절하게 어루만져 준답니다.

아이와의 만남을 떠올릴 때마다 그림책의 효력에 감탄하곤 합니다. 물론 아이의 변화를 위한 의미 있는 활동을 준비하는 건 가장 중요한 일이죠. 놀이를 통한 언어 자극 활동을 주로 합니다. 특히 그림책 속 소리를 따라 해 보는데, 동물 소리, 자연의 소리 등 쉬운 의성어, 의태어를 따라 하며 언어 표현을 연습합니다. "부족한 것을 솔직하게 말하고 나니, 마음이 너무 후련해요. 느리지만 천천히 연습해 볼래요." 그림책 활동 후, 아이가 자주 해주는 말이에요. 자신에게 떳떳해지는 건 자신을 속이지 않는 것이랍니다. 이런 배움을 그 어디에서 강력하게 깨우칠 수 있을까요? 다름을 그대로 받아들이는 것! 틀린 게 아니라 다른 것뿐이라고 힘주어 말해 주었어요. 친구들이 살아갈 세상은 다름을 인정하는 곳이기를 바라며 신바람 나게 그림책을 읽어주고 있답니다.

> **이렇게 실천해 보아요**
>
> 1. 아이의 언어·정서적 상태를 각각 고려한 맞춤형 상담 계획을 수립하여 아이의 언어적 표현 욕구를 존중하고 긍정적 피드백을 제공해 주어요.
> 2. 가정 내 지원 체계를 강화하도록 부모와 정기적으로 소통하여 언어 치료 및 심리 치료 연계를 통한 상담을 해나가요.
> 3. 아이들의 자존감을 높일 수 있는 그림책 선정 및 독서 활동을 강화하고, 그림책 기반으로 자기 감정을 자유롭게 표현하는 글쓰기와 토론을 진행해요.

2. 그림책, 감정을 치유하는 창이 되다

4. '다름을 인정하는 사회'를 주제로 한 워크숍 및 교육 활동을 실시하고, 또래 집단 내 포용력을 높이는 협력 활동을 기획해요.
5. 지속적인 관찰 및 심리 상태 모니터링, 자신을 긍정적으로 받아들이도록 정기적인 상담과 격려를 꾸준히 해주어요.

7
나만의 비밀 친구

"오늘 기분이 어때?"라고 물어주기만 해도 아이들은 활짝 웃습니다. 자신에게 관심을 보이고 진심으로 대해주는 것을 좋아한다는 증거죠. 그만큼 외롭다는 뜻이기도 해요. 가정 안에서 느끼는 아픔과 상처가 남아 있다는 사실인데요. 특히 어린 시절 부모로부터 받은 상처는 오랜 시간이 지나도 무의식 속에 그대로 남아 장애물로 작용한다는 것이죠. 아이들은 가족 안에서 존재 가치를 인정받지 못하면 상실감과 낮은 자존감으로 무기력해지곤 합니다. 수업 중에 친구들의 표정, 태도, 행동에서 나타나는 모습만 봐도 알 수 있어요.

부모님과의 원활한 의사소통과 허심탄회한 대화가 없는 가정의 친구들은 입을 닫고 말을 하지 않으려 합니다. 자신을 드러내거나 어떤 것도 표현하려고 하지 않죠. 상담에서 많은 시간이 필요한 친구들이면서 어려움이 많은 경우입니다. 처음에는 관심을 끌 만한 그림책을 함께 읽어가면서 조금씩 친해질 수 있었어요. 다음 날은 서로가 가장 좋아하는 그림책을 한 권씩 가져오기로 약속했어요. 이런 제안은 현재 상황에 아이가 어떤 문제에 직면하고 있는지 파악해 볼 수 있기 때문이에요.

<오늘, 기분이 어때?>라는 그림책은 다양한 감정을 그림으로 표현해 주며, 이해하고 인정하는 방법을 알려주어요. 이 책을 읽어주며 아이에게 "이 그림을 보니 너는 어떤 기분이 드니?"라고 물어봅니다. 자신의 기분을 솔직하게 말해 주었어요. "이 그림은 슬픈 것 같아요. 저도 가끔 슬플 때가 있어요. 슬픈 기분이 드는 건 정말 자연스러운 거군요. 선생님도 그런 기분이 들 때가 있어요?"라고 물어보면서 감정에 대해 쉽게 나눌 수 있었답니다.

가정에 돌아가서도 자연스럽게 감정을 표현해 보라고 권해주었어요. "가족과 함께 기쁨과 슬픔의 모든 감정을 나누어야 해. 그래야 서로 가까워지고 외롭다는 느낌도 들지 않는 거야." 그림책이 왜 좋은지 이유를 말해 주다 보면 자연스럽게 입을 열었어요. 현재의 마음 상태가 어떤지 읽어낼 수 있거든요. 좋아하는 그림책을 꺼내 신나게 표현해 줍니다. 이렇게 신뢰가 형성되면 시간 가는 줄 모르고 이야기를 나누게 되죠. 눈을 마주치고 공감해 주면서 조심스럽게 말을 꺼냈어요. "누구나 마음의 상처가 있으니 혼자 가두지 말고 함께 나누다 보면 달랠 수 있단다."라고요. 그림책과 함께라면 쉽게 극복해 나갈 수 있다는 걸 깨우쳐 주었어요. 아이는 이런 그림책을 들고 왔어요. 부모와 제대로 된 소통을 못 하는 아이의 외로움이 크게 느껴지는 <알도>를 펼쳐 보였습니다.

<알도>는 주인공 아이의 말과 행동이 참으로 아프게 다가오는 그림책입

니다. 괜찮다고 말하면서 하나도 괜찮지 않은 표정이 더욱 마음을 짠하게 하는데요. "난 혼자 있는 시간이 많아. 물론 텔레비전도 보고, 장난감이랑, 책이랑 갖고 놀 것들도 아주 많아." 아이가 혼자 보내는 장면이 있지만 표정은 없어요.

"그러고 나면 다시 혼자가 돼. 그래도 난 행복해. 정말 행복해. 왜냐하면 나한테는 특별한 친구가 있거든. 그 애 이름은 알도야. 나만의 친구야. 나만의 비밀이고, 나에게 정말 힘든 일이 생기면 언제나 날 찾아와 줄 거야."

알도는 표지에서 소녀와 어깨동무하고 있는 토끼입니다. 나만의 특별한 친구, 나만의 비밀 친구, 나를 진심으로 위로해 주는 친구, 바로 상상의 친구죠. 학교에서 괴롭힘을 당하고 친구가 없어 외로워하는 소녀에게 든든한 버팀목이자 유일한 안식처였어요. "물론 까맣게 잊고 지내는 날도 있겠지만, 나에게 정말 힘든 일이 생기면 알도는 언제나 내 곁에 있을 거야." 그래도 다행입니다. 비밀 친구인 알도가 있어서, 소녀의 마음에 위로가 자리 잡았으니까요. 상상 친구일지라도 이런 알도가 필요한 날이 많아요. 건강한 마음의 보호막을 위해 '알도'를 품고 있어야만 했던 거죠.

친구도 홀로 자신만의 동굴에 웅크리고 있을 때, 현실에서 위로해 주고 감싸주는 친구는 없을지라도 상상의 친구를 만들었어요. 위로받고 희망을 품은 마음이 고스란히 느껴졌어요. 아이가 본능적으로 느끼고 있으며, 아무런 말이 필요 없는 순간이었어요. 그림책이란 그렇게 마음을 통하게 하고 알아차리게 합니다. <알도> 그림책을 손에 들고 온 친구의 마음이 어떤지 전해지면서 가정 안에서의 모습이 그려졌어요. 가정환경과 아이의 성장 배경을 알기 위해 부모 상담에 들어갔어요. 맞벌이 부부인 가정에서 오랜 시간 혼자 외로운 채 방치되어 있던 아이였어요. 집에서 늘 혼자 있는 시간이 많았던 거예요.

저는 심리 치유 상담 중에 일기를 쓸 때, 상상의 친구를 하나 만들어 대화하라고 말해 주었어요. 억압된 감정을 들어줄 누군가가 필요하기 때문이죠. 물론 그게 가족이면 더할 나위 없이 좋겠어요. 내 마음을 이해해 주는 사람이 가족이라면 '알도'가 필요 없을 텐데요. 하지만 가족 중에 누구라도 좋아요. 아이가 마음의 문을 열고 다가갈 수 있다면 원가족이 아니어도 괜찮아요. 이모나 고모가 될 수도 있고, 할아버지, 할머니가 될 수 있어요. **아이의 정신적 성장을 돕고, 바르게 인도해 주는 안전 기지가 있으면 됩니다. 대화의 물꼬를 열어주면 되는 것이니까요.**

저 자신에게 '제대로 잘해 나가고 있는 걸까? 이 길이 가고자 하는 길일까?'라고 수많은 질문을 던졌던 때가 있었어요. 심리 치유를 만나고 나서야 깨달음을 얻었고 감사함을 느끼고 있어요. 이후의 인생에도 많은 변화가 일어났지요. 변하고 싶은 마음이 간절할 때, 있는 그대로를 받아들이고 인정해 주면 떳떳해질 수 있었으니까요. 무엇이든 할 수 있다는 자신감이 생겼어요. 남을 위해 배려하고 공감해 주는 능력도 키워나갔죠. 미해결된 문제를 풀어나가는 방법도 찾을 수 있었답니다.

아이들이 겪는 외로움과 고립의 감정은 부모나 신뢰할 수 있는 누군가와 꾸준한 대화가 필요해요. 아이가 내면의 상처를 해결하기 위한 첫 번째 단계는 바로 그 감정을 누군가에게 털어놓는 것이죠. 이를 통해 아이는 자신감을 얻고, 더 나아가 감정을 건강하게 다룰 수 있는 능력을 키울 수 있어요. <알도>의 비밀 친구처럼, 모든 아이는 자기만의 비밀 친구를 통해 위로받고 성장할 수 있으니까요. 그러나 **그 과정에서 중요한 것은 그들이 가진 감정을 진심으로 받아들이고, 감정을 표현할 수 있도록 돕는 거예요. 결국, 아이가 안전하게 성장하려면 가정 내의 사랑과 의사소통, 그리고 그림책 같은 매개체를 통해 감정 표현의 중요성을 깨닫고, 그들의 감정에 대한 이해와 치유의 과정이 이어져야 한답니다.**

누구나 선택할 수 없지만, 우리는 사랑해 주는 부모에게서 태어났어요. 존재 가치는 스스로 발견해 나가야 해요. 저에게도 그림책이라는 거대한 인생 좌표가 없었다면 알 수 없었을 일이랍니다. 한 권의 그림책이 내밀어 준 손을 잡고 아이들과 가치를 발견하는 일을 신명 나게 해나가고 있어요. 아픔 없는 성장이 어디 있을까요? 어둡고 끝이 보이지 않아 불안하고 두려운 터널을 지나고 나면 밝은 햇빛이 기다리고 있답니다. 우리 아이들이 터널을 통과하는 길이 혼자가 아니라는 걸 잊지 않았으면 좋겠어요. 특히 가족이 함께 있어서 힘을 얻을 수 있으니까요!

이렇게 실천해 보아요

1. 아이와 함께 감정을 주제로 한 그림책을 읽고, 책 속의 그림이나 이야기를 바탕으로 아이에게 "이 그림을 보니 어떤 기분이 드니?"라고 질문해요. 아이가 느끼는 감정을 자유롭게 이야기하도록 유도하고, 부모는 감정을 인정하며 공감해 주고 이 과정을 통해 아이는 감정을 표현하는 법을 배우게 돼요.

2. 집에서 아이와 함께 "오늘 기분이 어때?"라는 질문을 자주 던져 아이가 자신의 감정을 이야기할 수 있는 기회를 만들어요. 이때, 아이의 감정에 대한 부모의 반응은 매우 중요하며, 아이가 느끼는 감정에 대해 비판이나 평가 없이 들어주는 게 필요해요. 또한, 부모가 자신의 감정을 솔직하게 나누는 모습을 보여주면 아이는 자연스럽게 감정을 표현하는 데 더 개방적이게 될 거예요.
3. 아이가 혼자 있을 때 상상의 친구나 비밀 친구와 대화하도록 해요. 예를 들어, "너의 비밀 친구 알도와 오늘은 무슨 이야기를 했니?"라는 질문을 통해 아이가 감정을 털어놓을 수 있도록 도와요.
4. 아이가 감정을 표현하기 어려워할 경우, 일기를 쓰는 방법을 추천해요. "오늘 하루 중 가장 기뻤던 일은 무엇이었고, 가장 슬펐던 일은 무엇이었는지 적어보자."라는 방식으로 일기 쓰기를 유도해 아이가 자신의 감정을 글로 표현할 수 있도록 해요.

8
주체적으로, 나답게

"넌 하루에 몇 시간 자니?" 초등학교 교실에서 친구들끼리 나누는 대화가 들려왔어요. 요즘 만나는 친구들의 얼굴은 학년이 올라갈수록 점점 어두워져 가는 걸 볼 수 있어요. 왜냐하면 유명한 학교에, 학원에, 명 강사까지 따라붙어 일과를 보내고 있으니까요. 쉴 틈 없이 바삐 다니는 아이들의 거리 풍경이죠. 부모는 만일 그런 대열에 합류하지 못하면 낙오되었다고 생각합니다. 뭔가 잘못하고 있는 것처럼 불안해합니다. 어떻게 된 일일까요?

이런 질문을 해봅니다. 아이들에게 주체적으로 살아가도록 하는 힘을 키워주는 게 먼저 아닐까요? 입시 교육 열풍에 휩쓸리기보다는 진정 중요한 게 무엇인지 생각해 보아야 할 때입니다. 시대의 흐름에 한 번쯤은 저항하는 힘이 필요한 거죠. 극성 교육 열풍이 몰아칠 때 만들어진 신조어 중에 '헬리콥터 맘'이라는 말이 있었어요. 명문대에 보내기 위한 엄마들의 노력을 희화화한 말이지만, 많은 의미를 내포하고 있어요. 심지어 시간이 흘러 '드론 맘'으로 변조돼서 나타났어요. 학벌주의와 경쟁 위주의 사회에서 살아남기 위한 부모들의 투쟁 같아 보입니다. 현실 속 아이들은 얼마나 주체적으로 생각하고 판단하며 살아나가고 있을까요?

한 친구가 제게 물어왔어요. "선생님은 하루에 몇 시간 잠을 자세요?" 당황한 제가 질문의 의도를 알고 있다는 걸 눈치챈 친구는 계속 말을 이어나갔어요. "자고 싶을 때 자고 일어나고 싶을 때 일어날 권리도 없다면 노예와 같은 삶이 아닐까요?"라는 말에 망치로 한 대 얻어맞은 기분이었어요. 맞는 말입니다. 아이들은 자신의 수면을 결정할 권리도 없이 만들어진 시간표 안에서 살아갑니다. 감옥살이와 같다고 생각하기 마련이죠. 그래서인지 아이들에게 나타나는 중독 현상은 너무나도 다양합니다. 인터넷 중독뿐만이 아닙니다. 게임, 핸드폰, 쇼핑, 흡연, 도박 등. 그보다 심각한 중독 현상에 빠져드는 문제점들에 대해 깊이 있게 고민해봅니다.

요즘 학교 현장에서 보건교사를 비롯한 중독 전문 강사를 초빙해 도움을 주려는 노력이 전문적으로 이루어지고 있어요. 지나친 경쟁 속에 진정한 자아를 잃어버린 채 부모를 위해 살고 있다고 말하는 친구들도 있었어요. 삶을 스스로 결정하고 만들어가야 하는데 말이죠. 우리는 무엇을 먼저 가르쳐야 할까요? 저는 그런 의미에서 훌륭한 교육법을 소개하는 책들을 수없이 찾아 읽었어요. 부모 교육할 때, 어김없이 등장하는 훌륭한 책들을 필독서로 정해놓고 강연에 활용하고 있답니다.

대표적인 책이 『아이는 무엇으로 자라는가』라는 세계 가족 치료의 대가인 버지니아 사티어의 저서입니다. 아이가 있는 집에 이 책이 꽂혀 있지 않다면 더 이상 부모가 아니라고 할 정도로 꼭 읽어보기를 추천하고 있답니다. 부모로서의 진정한 역할, 아이들을 진정으로 위하는 것이 무엇인지를 눈여겨 봐야 합니다. 많은 영감을 얻었고, 가르치는 자리에서 꺼내 반복해서 읽는 책이기도 하지요.

고학년으로 올라가면 사고의 전환을 불러일으키는 패러디 그림책이 많은 인기를 끌곤 합니다. 아이들과 독서 마블로 토론을 벌일 수 있었던 그림책이 <나의 다정한 돼지 엄마>예요. 추론 질문과 성찰 질문을 연결해서 만들어나갔어요. 아이들이 세상을 어떻게 바라보게 하는지에 대한 특별한 시각을 보여주고 있어요. 엄마 돼지는 아기 돼지들이 독립할 때가 되자, 일일이 돌봐주던 기존 방식을 과감하게 떨쳐버립니다. 자기 안의 자율성을 깨우치고 생각하는 대로 결정하고 행동하도록 합니다. 각자 원하는 삶의 방식을 찾아갈 수 있도록 훈련해 나갑니다. 언제나 아기 돼지들을 지켜보며 온전히 독립할 수 있도록 든든한 지원군이 되어주어요. 이런 교육 방식이라면 조금은 실수하더라도 삶을 배우고 느끼며 세상 밖으로 씩씩하게 걸어 나갈 수 있다고 생각해요.

엄마 돼지는 알고 보면 내면에 외로움으로 가득 찬 늑대를 친구로 만들어주기도 해요. 누구에게도 따뜻한 관심과 사랑을 받아본 적이 없는 늑대의 이름을 불러주었기 때문이죠. 자신을 진심으로 이해해 주고 관심 가져주는 친구가 필요한 늑대에게 엄마 돼지는 손을 내밀어 마음을 어루만져주고 있어요.

부모들은 모범적이고 공부 잘하는 아이와 친구가 됐으면 좋겠다고 말합니다. 자신의 아이도 그런 친구가 되어줄 거라 믿고 있죠. 아이들의 세계란 자유롭게 어울리다 보면, 통하게 되고 공감대가 형성되는데 말이죠. 친구마저도 정해서 만나야 한다면 도대체 자유롭게 누릴 수 있는 것이란 무엇일까요? 부모들의 올바른 교육법이란 과연 무엇일까요?

교우 관계마저도 부모들의 요구에 따르라고 합니다. 부모들의 잣대에서 벗어나는 아이들과는 사귀지 말라는 말을 서슴지 않고 쏟아냅니다. 친구를 얼마나 소중하게 여기는지 알게 되면 한 번쯤 생각해 봐야 할 문제가 아닐까요? 한 아이가 말해 줍니다. "불량해 보이거나 문제아라고 낙인찍힌 친구들과는 절대 어울리지 말라고 했어요." 이 말이었죠. 친구들 사이에 문제아라고 누가 정할 수 있을까요? 물론 심각한 문제를 일으키는 경우 선도는 필요하며 올바르게 지도해야 할 의무가 있어요.

'친구'라는 주제로 학교에 집단 상담을 나간 적이 있었어요. 또래 친구들에게 친구라는 의미로 전해줄 수 있는 메시지가 강력한 그림책을 엄선했어요. <짝꿍>, <친구를 모두 잃어버리는 방법>, <친구란 뭘까?> 등 그림책으로 협력하며 조화롭게 생활하는 학급을 위한 노력을 쏟아부었어요. 왕따 문제, 학교 폭력, 친구 관계 개선을 위해 꼼꼼히 활동 자료를 준비했죠. 어떻게 친구를 사귀는지, 친구 사이에 지켜야 할 예절과 경계 존중 등의 중요한 마음가짐을 갖게 해준 소중한 시간이었답니다. 모둠의 아이들끼리 '버츄 카드'를 통해 미덕을 뽑아 칭찬해 주며 우정이 싹트기도 했어요. 나와 다르다고, 나보다 못하다는 편견으로 멀리했던 친구들과 자연스럽게 친해질 수 있는 기회를 만들어주었어요. 집단 상담을 마치면서 소감 발표 시간, 기억에 남는 한 친구의 말이 떠오릅니다.

"저는 같은 반 친구들인데도 모르는 게 많았고 친해지려는 노력도 해보지 않았어요. 그런데 이제는 어떻게 해야 친구들과도 잘 지내는지 알게 되었어요. 저에게 손을 먼저 내밀어준 친구가 있어서 학교 오는 게 즐거워요." 우리의 상담 목표가 이미 이루어진 셈이죠. 순수하게 친구와 우정을 나눈다면 선입견이나 편견 없이 다른 사람을 대하는 자세도 배우게 됩니다. 그림책을 통해 아이들이 깨닫게 되는 마법의 시간이죠. 다시 한번 아이들의 순수성과 고유성을 인정해 주게 되었어요. 친구들의 우정도 자연스럽게 만들어지도록 느긋하게 바라봐 주는 게 필요합니다.

부모의 강요만을 따라가다 보면 정작 내가 원하는 것을 잃어버리기 쉽습니다. 친구 사귀기와 같은 작은 것부터 스스로 판단하고 결정하는 주체성을 길러나가도록 해주었죠. **주체적으로 산다는 건 내 생각과 감정을 존중하며 선택하는 것이에요. 남들이 뭐라 해도 내가 믿는 길을 걸어갈 때, 비로소 '나답게' 살아가는 게 아닐까요?** 중요한 건 지금 만나는 아이들이 다시 중심을 잡도록 돕는 것이겠죠!

이렇게 실천해 보아요

1. 아이에게 스스로 결정할 기회를 주고, 선택에 대한 책임감을 키울 수 있도록 도와줘요. 예를 들어, 일상에서 작은 결정들을 아이가 내리도록 해요.
---

2. 아이의 감정을 경청하고, 생각에 대해 비판하지 않고 인정해 줘요. 또한, 아이가 자신의 의견을 표현할 수 있는 기회를 자주 만들어주어요.
3. 아이가 친구를 선택하는 데 있어 자유롭게 표현할 수 있도록 돕고, 다양한 친구들과 자연스럽게 관계를 형성할 수 있도록 격려해요. 이를 통해 우정과 사회적 관계를 배우게 해요.

3

감정의 매듭을 풀어가는 여정

감정은 묶어두면 깊은 곳으로 숨어버리지만,
풀어가면 성장의 길이 열립니다.
감정을 마주하고 이해하는 과정에서 우리는 더 단단해지고,
더 따뜻한 관계를 만들어갈 수 있습니다.

1

내 마음이 머무는 곳

"선생님! 뭘 써야 해요? 어떻게 쓰면 되나요?", "글 쓰는 건 너무 어려워요!" 한 아이가 손을 들고 물었어요. 여기저기서 손을 든 친구들이 셀 수 없이 생겨납니다. 수업하다 보면 감정 표현을 어려워하는 친구들을 자주 만나요. 평소 감정을 자주 표현해 보는 경험이 부족하기 때문일 수도 있죠. 아이들은 감정을 표현하기보다는 수많은 정보를 받아들이는 데 익숙합니다. 말이나 글로 표현하는 것보다 영상 매체를 통해 보는 것에만 길들어져 있어요. 감정을 간접적으로 경험해 보는 경우가 많기 때문이죠. 직접 느껴봐야 깨달을 수 있는데 말이에요.

글로 자신의 감정을 표현하는 것은 쉬운 일이 아닐 거예요. 반 친구들 앞에서 자신의 감정을 글로 쓰고 발표하는 시간. 연필 끝만 바라보며 도무지 무슨 말을 해야 할지 몰라 하는 아이도 있어요. 그럴 때 유용한 도구가 바로 감정 카드에요. 아이들을 구원해 주는 신비로운 물건입니다. 심지어 감정 카드 속 단어의 뜻을 몰라서 물어보기도 한답니다. 뜻을 알려주고 나면

"아, 내 마음이랑 똑같네요!"라며 탄성을 지르곤 해요.

아이들은 긍정적 감정과 부정적 감정을 명확히 구별하기 어려워해요. 지금 느끼고 있는 그대로 표현하기 때문이에요. 감정을 받아들일 때 조심스럽게 생각하면서 이야기를 나누게 됩니다. 상처받은 감정을 표현하지 않고 숨기는 게 오히려 위험한 때도 있어요. 참는 데 익숙해진 아이들은 언젠가는 곪아 터지기 마련이죠. 가족 안에서 자신의 감정을 표현해 봐야 달라질 게 없다고 느끼면 아이들은 마음의 문을 닫게 됩니다. 오랜 시간 단절되어 있다면 선뜻 속마음을 털어놓기란 쉽지 않아요. 그래서 감정은 유리를 다루듯 항상 조심해야 합니다.

그림책 수업에서 만난 친구 중에 유독 기억에 오래 남는 친구들이 바로 이런 친구들입니다. 가족 안에서 자신의 감정을 표현하지 못해 마음의 상처가 있는 친구들이죠. 표정에서부터 알아차릴 수 있어요. 그림책을 읽다 보면 자신의 감정과 맞닿은 순간 눈물을 터뜨리는 친구들이 있거든요. 그림책이 자신의 마음을 헤아려주었기 때문이죠. 그동안 억눌려 있던 감정을 느끼면 봇물 터지듯 흘러나오면서 카타르시스를 경험하게 되는 거예요.

여행에서 경험한 다양한 감정을 다룬 리디아 브란코비치의 그림책 <감정호텔>으로 여러 가지의 감정에 대해 나눌 수 있었어요. 자신의 감정 상태를 모르는 친구들에게 특히 효과가 있는 그림책이라 할 수 있죠. 끊임없이 밀려왔다 밀려가는 감정을 내 마음이라는 '호텔'에 찾아오는 손님에 빗대어 이야기를 풀어가는 재미있는 책입니다. 자신의 감정 상태를 모르는 친구,

다른 친구들의 감정이 어떤지에 대해 알아볼 수 있는 좋은 시간이었어요. 부모가 아이의 감정을 알고 싶다면 이 책을 권해드리고 싶어요. 다만 주의할 점은 감정마다 원하는 게 달라서 모든 감정을 세심하게 살펴주어야 한다는 점이죠. 마치 부모와 아이들이 감정의 여행지에서 머무는 듯한 느낌을 주기도 해요.

목소리가 아주 작아서 귀 기울여 듣지 않으면 들을 수 없는 슬픔, 벽이 흔들릴 정도로 소리를 질러대기에 아주 넓은 방을 내주어야 하는 분노, 늘 다른 모습으로 방문하는 불안, 뭘 해달라고 조르는 법이 없는 감사, 특히 감정을 돌보는 것이 버겁게 느껴질 때면 가만히 다가와 곁에 있어주는 것은 위로입니다. 상처를 어루만져주는 자신감, 지겨운 일을 즐겁게 해내도록 도와주는 자긍심 등 각각의 감정들은 크기도 모습도 달라요. 감정 호텔에는 어떤 감정이든 머물 수 있답니다. 하지만 감정들을 재촉해서는 안 돼요. 감정은 스스로 오고 싶을 때 오고 떠나고 싶을 때 떠나요. 우리의 감정이 그런 것처럼 말이죠. **사랑, 기쁨, 안도, 희망 같은 감정만 느끼고 싶지만, 분노, 슬픔, 자책감, 우울, 수치심의 감정도 우리 안에 함께 머물고 있다는 것을 인정해야 해요.**

감정 호텔에서 지내면 지루할 틈이 없어요. 하지만 한 가지는 분명해요. 어떤 감정이 찾아오든 언젠가는 떠나간다는 사실이에요. 내 호텔 감정의 지배인은 바로 '나'입니다. 어떤 감정이 와도 머물다가 결국은 떠납니다. 내 마음의 호텔로 감정들을 맞아주고 이야기를 들어볼 수 있죠. "오늘은 어떤 감정이 여러분의 감정 호텔에 머무르고 있나요?"라고 물어봅니다. 그러면 자연스럽게 아이들의 감정을 읽어낼 수 있어요. 무엇보다 '모든 감정은 유효하다.'라는 점을 강조해 주었어요. 지배인을 따라 감정을 하나하나 만나다 보면, 미처 알지 못했거나 이미 알았다 해도 지나쳐 왔던 감정의 특성을 자연스럽게 이해하게 되죠. 나아가 감정을 있는 그대로 인정하고 받아들이는 법도 배우게 되어요. 감정을 다루는 나쁜 방식이 있을 뿐 나쁜 감정은 없다는 사실과 함께요.

새 학기가 시작되는 3월, 아이들은 새로운 환경과 친구, 선생님에게 적응해야 해요. 아이들의 마음속에서 기대와 불안이 엇갈리는 시기입니다. 이럴 때, 새로운 친구들과 좋은 관계를 유지하기 위해서 무엇보다 감정을 제대로 이해하고 건강하게 표현하도록 도와줘야 한답니다. 하루에도 열두 번씩 변하는 감정을 알아갈 수 있도록 말이에요. 그렇게 하면 신학기를 잘 보낼 수 있거든요. 아이들에게 특히 슬픔, 분노, 불안 같은 부정적인 감정을 모른 체하지는 않는지 물어봅니다. 심리적인 안정감을 찾도록 해주기 위해서죠. 서서히 감정을 다룰 줄 알게 되면, 어느새 유능한 감정 호텔의 지배인이 되어 있어요. 학교생활도 자연스럽게 적응해 나갈 수 있어요.

활동 자료로 친구들과 감정 노트를 교환해서 읽어보며 다른 친구의 감정도 이해하는 시간을 마련했어요. 감정 호텔에 자주 찾아가는 감정은 무엇인지, 어떻게 대해주고 있는지, 그림을 그려보게 하는 것도 좋은 방법이었답니다. 이를 통해 자신의 감정을 이해하고 다른 친구의 감정도 읽어낼 줄 아는 눈을 키워주었어요. 그렇게 하루하루 성장해 나가고 있답니다.

감정은 서로 영향을 주고받기에 '협력적'으로 조절해 나가야 한다는 것을 터득했어요. 상처받고 '아픔'으로 내몰리지 않도록 보살펴주어야 한다는 것도 알게 되었죠. 그러니 신학기 생활도 신나게 해나갈 수 있었답니다. 설령 감정적인 문제로 다툼이 생기더라도 친구들끼리 솔직하게 표현하며 조율해 나갔어요. 그런 장면을 볼 때면 흐뭇함이 자리 잡곤 해요. 다시 한번, 실감하게 되었어요. 바로 그림책이 주는 효능감이라 할 수 있죠!

이렇게 실천해 보아요

1. 감정 카드를 사용하여 아이들이 자신의 감정을 명확히 인식하고 표현할 수 있도록 하고 감정에 대한 이해를 높여 감정의 다양성을 받아들일 수 있도록 해요.
2. 감정을 주제로 한 그림책을 읽고, 아이들이 자신의 감정을 이야기하는 기회를 만들어주어요. 이를 통해 아이들은 감정을 표현하고 다른 사람의 감정을 공감할 수 있는 능력을 키워나가요.
3. 아이들이 자신의 감정을 기록하고 친구들과 감정 노트를 교환하며 시로의 감정을 이해하는 활동을 해요. 감정 관리와 협력적인 감정 조절을 배우게 돼요.

2

안아주기, 버텨주기

"오늘 학교에서 안 좋은 일이 있었구나? 무슨 일이었는지 얘기해 줄 수 있어? 그 일로 네가 어떤 마음이 들었는지도 말해 줄래?"

뾰로통하게 하교한 둘째 아이를 안아주면서 나누었던 대화입니다. 작은 아이는 어린 시절 유난히 감정 표현에 솔직했어요. 숨김이 없었죠. 못마땅한 일이나 부당한 일을 겪고 나면 그에 대해 말하는 걸 꺼리지 않았어요. 온몸으로 경청하고, 공감하며 이해해 줍니다. "엄마는 네 편이야, 그러니 괜찮아. 다 들어줄게. 하고 싶은 말 있으면 편하게 말해봐."라는 마음으로요. 그리고는 사랑스럽게 꼭 안아줍니다. 그러고 나서야 아이는 안정을 되찾곤 했으니까요.

어릴 때부터 자주 읽어준 그림책 <슬픔을 치료해 주는 비밀 책>은 집 안 책장에 꽂혀 있어 언제 어디서든 꺼내 봅니다. 슬픔을 존중하고 스스로 치유할 수 있도록 안내해 주죠. 다양한 방법으로 감정을 극복하도록 도와줍니다. 그림책의 핵심이 스스로 치유하는 부분인데요. 우선 슬픔에 빠진 아이의 감정을 존중해 줘요. 억지로 웃게 하는 것보다 안내를 잘해 주는 것이죠. 자신의 슬픔을 스스로 치유할 수 있도록 돕는 역할을 해주는 겁니다. 부모와 함께 슬픔을 다루는 방법을 찾아보는 데 유용한 그림책입니다.

아이들이 느끼는 모든 감정은 성장의 기회입니다. 긍정적이든 부정적이든, 감정을 다루는 법을 배우는 것이 중요하니까요. 그림책은 감정을 숨김없이 표현하도록 하고 다루는 방법을 알려줬어요. 성숙하고 안정된 감정 관리 능력을 길러나가도록요. "이런 감정을 느낄 때는 어떻게 해야 할까?"라고 물어봅니다. 스스로 대처할 수 있는 사고를 키워야 하니까요. 답을 기다리고 부정적인 면도 다스려서 회복하는 힘을 길러나갈 수 있도록 해줍니다. 아이들의 감정을 공감해 주는 것은 감정을 제대로 이해하고 표현할 수 있도록 돕는 중요한 단계예요. "그렇게 느끼고 있었구나!", "네가 그런 감정을 느꼈을 때 정말 마음 아팠구나!"와 같은 말을 통해 아이의 감정을 인정해 주는 거죠.

아이들이 감정을 구체적으로 이해하고 표현할 수 있도록, 감정에 이름을 붙여봅니다. 감정의 이름을 명확하게 표현함으로써 감정을 이해하고 처리할 수 있게 되는 거죠. "지금 느끼는 감정이 화난 거구나!", "그건 슬픔이라는 감정이야." 등으로 느끼는 감정을 명확하게 표현해 주었어요. 그러면 비슷한 상황에서 적절히 대처해 나가게 됩니다. 문제 해결을 위한 한계 설정도 명확히 해주어요. 감정을 이해하고 공감해 주는 것 이상으로 올바른 행동을 강조해 주었어요. 상담에서도 알려주고 있죠. 감정을 표현하는 건 허용되지만, 그에 따른 행동에는 한계가 있다는 것을요. "화를 내는 건 괜찮지만, 물건을 던지거나 누굴 때리는 것은 안 돼."와 같이 감정을 인정하면서도 행동의 한계는 반드시 지어주었죠. "화가 날 때는 이렇게 해보자."라고 대안을 제시하여 함께 화를 다스리는 법을 찾아나갔어요.

감정 코칭은 자녀와의 관계를 강화하고 정서적으로 건강하게 성장할 수 있도록 돕는 강력한 도구예요. 자녀와 깊이 연결되고, 의미 있는 관계를 형성할 수 있어요. 감정 발달은 자연스럽게 형성되어 나가는 거죠. 특히 요즘 자녀들은 가장 큰 문제점으로 가족 안에서의 고립감과 외로움을 호소하고 있어요. 아무리 이러한 노력을 잘해도 부모와 자녀 사이에 벽이 가로놓여 있다면 감정을 나누기는 어려워요. 아이들은 핸드폰이나 노트북 등 개인 기기를 하나같이 손안에 들고 화면을 들여다보기에 바빠요. 가족 간의 대화나 화합의 장은 찾아보기가 어려워요. 그러니 핸드폰 중독으로 치닫고 있으며 영상 매체에 장시간 노출되고 있어요. 타인과 소통하고 관계를 맺는 법을 배울 기회를 놓치고 맙니다.

부모로서 배운 가장 좋은 방법은 바로 안아주기, 버텨주기입니다. 도널드 위니컷이 이야기한 개념으로 어린 시절 안아주기는 무엇보다 중요하다고 해요. 수많은 혼란스러운 경험 가운데서도 부적절한 경험을 통합하고 견딜 수 있으니까요. **외부적인 불편한 접촉이나 자극 때문에 불안정할 때 안아주기를 통해서 안정감을 찾아가게 됩니다. 이것을 '멸절의 힘'이라고 하는데, 자신이 없어질 것 같은 부정적인 경험이 있는 상황에서 안아줌으로써 멸절의 경험을 극복하게 됩니다. 아이를 온몸으로 안아주는 행위는**

건강한 자신감을 얻게 하는 자극을 줍니다. 안아줌으로 자기를 경험하고 세상과 자신을 구분하게 되는 것이죠. 부모가 "이게 너야, 이게 세상이야."라고 알려주지 않지만, 안아주기를 통해 자기와 세상을 구분할 줄 알게 됩니다. 자기라는 것을 만들어가죠.

어려운 상황 속에 버텨준다는 것은 난감하고 힘든 상황을 견뎌주는 것. 폭발적인 감정, 견디기 힘든 상태에서 부모로서 버텨주는 거예요. 사춘기 때 아이가 난폭해지고 공격적인 순간이 찾아옵니다. 버텨주기를 잘하는 부모는 이걸 견디지만, 그렇지 못한 부모는 감정이 치달아 울거나 맞서 싸우려 합니다. 사춘기 아이와의 대화는 심리적 거리를 유지하는 것이 필요해요. 이 시기에 아이는 삼켜짐에 대한 두려움이 크고 거리를 유지하려고 하기 때문이에요. 정말 안 되는 것은 안 된다고 일관성 있게 단호해야 합니다.

아이들은 부모의 심리적 힘을 정확하게 알아차립니다. 요동치는 부모, 단호한 부모를 알고 구분해요. 단호함이 바로 버티기예요. 저도 아들들의 사춘기를 단호함에서 오는 버티기로 넘길 수 있었어요. 아이들을 키우면서 가장 많이 해주었던 안아주기는 학교 현장에서도 그대로 해주고 있답니다.

언젠가 한 학생이 복도에서 걸어오는 저를 기다리고 있었어요. "선생님, 제가 지금 기분이 많이 안 좋은데요, 선생님이 저를 안아주었으면 좋겠어요. 좀 안아줄래요?"라고 물었어요. "조금 아니고 오래 안아주고 싶은데?"라고 말하며 꼭 안아주었답니다. 어린 1학년 친구가 얼마나 사랑스럽게 느껴지던지 속으로 생각했어요. '스스로 자기를 위로하며 살아나가는 방법을 알고 있구나!' 저는 지금도 어디서든 "안아줄래요?"라는 말을 들으면 그 어린 친구가 떠오릅니다.

안정적인 정서와 감정을 갖춘 아이를 보면 부모와 상호작용이 잘되어 있다는 것을 알 수 있어요. 부모의 역할을 훌륭하게 나타낸 <아빠, 나한테 물어봐>를 읽어주었죠. 아빠가 아이에게 감정을 잘 다룰 수 있도록 격려해 주거든요. 부모와 자녀 간의 대화를 통해 부모의 역할을 실감 나게 보여줍니다. 아이가 아빠에게 자신의 관심을 말하고 잘 들어주는 사이에 서로의 애착 관계는 이루어지니까요. 이것을 보면서 아이들은 아버지를 존경하고 함께 시간 보내는 것을 좋아하게 된답니다.

저의 아들들은 아버지가 계신 곳이라면 어디든 단숨에 달려옵니다. 아버지와의 시간을 유난히 좋아하기 때문이죠. 아버지가 자신의 이야기에 경청해 주고 공감하는 시간이 행복하다고 말합니다. 함께 모여 웃고 떠드는 사이 우울, 외로움은 생겨날 틈이 없어요. 그래서 가족 간의 대화는 중요하며 아이들의 정서 발달에도 지극한 영향을 주었죠. 어떤 일을 함께 경험하고 진심으로 이해하는 공감은 필수가 되어줍니다. 하인즈 코헛은 '공감을 심리적 산소'라고 했어요. 공감 없이는 심리적 세계에서 살아갈 수 없다는 뜻이에요. 아이들을 만나 수업하면서 염두에 두는 것, 역시 아이들의 심정을 헤아리는 일이랍니다. 공감으로 하나가 되는 것이죠!

이렇게 실천해 보아요

1. 아이가 느끼는 감정을 구체적으로 표현하고, 그 감정을 이해할 수 있도록 도와요. "지금 네가 느끼는 건 화나서 그런 거구나!"와 같이 감정을 명확히 언급해 주어 아이가 감정을 구체적으로 인식하게 해요.
2. 아이가 힘든 감정을 겪을 때, 물리적으로 안아주거나 말로 공감해 줘요. 아이는 부모의 사랑과 지원을 느끼며 안정감을 찾고, 감정적으로 성장할 수 있어요.
3. 감정을 표현하는 것은 허용되지만, 그에 따른 행동에는 한계가 있다는 점을 알려줘요. 예를 들어, 화를 내는 것은 괜찮지만 물건을 던지거나 때리는 것은 허용되지 않는다고 분명히 하여 올바른 행동을 지도해요.

3

진정한 소통은 핑퐁이 필요해

"말이 안 통하네, 정말. 아휴, 답답해. 대화가 안 돼!"

부부 사이든 부모 자식 사이든 참으로 안타까운 표현이 아닐 수 없어요. 상담 과정에 아이들이 많이 하는 말이기도 하죠. 특히 사춘기의 여학생들은 자주 쓰다 못해 학교, 학원, 어디서건 입에 달고 다니기도 합니다. 가족 내 소통은 정서적 안정과 건강한 가족 문화를 이루는 데 매우 중요해요. 이는 가족 구성원 간의 이해와 존중을 통해, 갈등을 예방하고 해결하는 데 도움을 주기 때문이죠. 특히 자녀의 언어 및 사회적 발달을 지원하고 가족 유대감을 강화하며, 가정 내 의사 결정 참여를 촉진해 준답니다. 또한 자녀의 건강한 자존감 형성에도 긍정적인 영향을 미치죠.

일상에서 수많은 대화를 나누지만, 진정한 소통으로 이어지는 경우는 드물어요. "아니, 그게 아니라…."라는 말이 몇 번이나 나오죠. "내 말 좀 들어보라니까요." 서로 자기 말을 하기에 바쁩니다. 이런 표현을 통해 소통을 어떻게 깊고 의미 있게 만들 수 있는지 생각해 봅니다. 들어주려는 마음의 준비가 되어 있나요? 진정한 소통의 의미를 생각하고 있을까요? 소통은 단순히 말을 주고받는 것이 아니랍니다.

"여러분, 이 세상에서, 우리는 '핑'만 할 수 있어요. '퐁'은 친구의 몫이에요."라고 말하며 그림책 <핑!>을 꺼내 들었어요. <핑!>은 서로 주고받는 관계가 필요해요. '핑'은 다양한 방식으로 표현될 수 있으며 사랑과 실천을 통해 세상과 소통하는 과정을 보여주어요. 반면, '퐁'은 상대방의 몫으로 그 반응은 예측할 수 없으며 다양하게 나타나요. 신호를 보내고 마음을 전하면 그것을 받아들이는 몫은 상대에게 있는 거죠. 강요할 수 없는 일이랍니다. 소통은 기다림과 관심이 중요하다고 말해 줍니다. "너는 왜 그렇게 행동했어?"라는 질문을 해보는 거죠. 단순히 말로 끝나지 않도록 묻는 거예요. 대답이 "그냥 그랬어요."인 친구들이 의외로 많아요. 혼자만의 생각을 말하는 거죠. 무언가가 부족한 것 같은 느낌이 듭니다. 진정한 소통이란 어떤 것일까요? 말보다 더 중요한 게 있을까요?

바로 비언어적 소통입니다. 말로 모든 것을 다 전달할 수 있다고 생각하지만, 실제로는 눈빛, 몸짓, 표정이 의사를 더 정확하게 전달하곤 해요. 풀이 죽어 어깨를 축 늘어트린 채 들어서는 아이의 눈빛만 봐도 짐작이 갑니다. "오늘 많이 힘들었구나? 공부랑 해야 할 일이 많아서 지쳤어?"라고 먼저 물어봅니다. 아이는 어떻게 아셨냐는 듯이 씩 입꼬리를 올려 보입니다. "선생님에게 말을 할 수 있어서 많이 힘들지는 않아요. 제 말을 잘 들어주시니까요. 들어주는 사람이 있어서 힘이 나요." 서서히 잇몸을 드러내 보입니다. 비언어적 신호는 감정을 진하게 전달해 주기 때문에, 소통에서 중요한 역할을 해주죠.

비언어적 소통을 잘하려면 어떻게 해야 할까요? 듣는 기술을 연습하는 게 필요합니다! "나는 듣고 있어."라는 말보다 진정으로 마음을 열어 귀 기울이는 것이 중요해요. 아이들과 만나면 눈을 맞추며 "그래, 그럼 그다음은 어떻게 했어?"라는 질문으로 이어갑니다. 친구가 다쳤다는 이야기를 들었을 때도 단순히 "아, 그랬구나!"라고 대충 넘어가지 않고, "그럼 그 친구가 아픈 걸 보고 너는 어떤 기분이었어?", "무엇을 도와줄 수 있었어?"라고 물어보았어요. 이렇게 질문을 던지면 아이들은 자신의 감정을 솔직하게 말하게 됩니다. 듣는 기술이 중요하다는 것은, 잘 들어야만 공감이 일어날 수 있기 때문이죠!

상담 중에 말을 잘 꺼내지 않으면 현재의 감정부터 이해하기 위해서 재미있는 방법을 씁니다. 바로 '감정 체크 리스트'를 만들어보는 것인데요. 체크 리스트에는 다양한 감정이 적혀 있어요. '행복, 기쁨, 슬픔, 화남, 불안' 등이 있죠. 모두가 함께 지금의 감정을 떠올리고 색칠로 표현해 봅니다. 감정을 표현하는 연습을 하다 보면, 스스로 감정을 인식하고 표현하는 데 큰 도움이 되었어요. 그런 후에 말을 꺼내어 자신의 속마음을 조리 있게 이야기해 줍니다.

그림책 심리 치유 수업에서 얻은 것 중 하나가 '가족 내에서의 의사소통 방식'을 알 수 있었다는 거예요. 아이들은 자신의 질문에 부모들이 정직하게 답할 때, 부모를 더 사랑하고 말을 잘 듣고 싶다고 말했어요. 의사소통 규칙은 가족에게 꼭 필요하고 자유로운 분위기에서 이루어져야 해요. 아이들의 태도와 행동에서 경직된 모습은 그대로 반영되어 나타나기 마련이니까요. 좀처럼 대화의 물꼬를 트기가 어려운 친구, 경직된 자세에서 유연한 사고로 전환이 어려운 친구들은 그림책의 도움을 받기 마련입니다. 굳어진 생각을 바꿔주기 때문이죠! <점>은 고정된 사고에서 벗어나도록 도와주는 그림책이에요. "나는 못 해."라는 생각을 버리고, 작은 시도를 통해 성장할 수 있음을 보여줘요. 미술을 두려워하던 베티가 멋진 예술가로 거듭나게 되는 것처럼요. "어떤 것이라도 좋으니 한번 시작해 보렴. 그냥 네가 하고 싶은 대로 해봐." 선생님의 작은 격려가 베티에게 큰 변화를 가져왔듯이, 아이들은 서로를 격려하는 것이 얼마나 중요한지를 배우게 됩니다. 완벽한 결과물보다는 과정 자체를 즐길 줄 아는 친구들이 되길 바라봅니다.

  활동으로 아이들이 그린 점으로 가득한 작품들을 집 안 곳곳에 전시해 보라고 권해줬어요. 가족들을 초대하여 자신이 그린 작품을 설명하고, 각 작품에 관한 이야기를 들려주는 시간을 가져보는 것도 자신감을 높여줄 수 있답니다.

  소통을 더 깊게 만들어주는 확실한 방법은 가족회의에요. 정기적으로 '가족회의'를 열어 각자 느끼는 감정이나 이야기하고 싶은 것들을 나누는 거죠. "오늘 어떤 일이 일어났는지 나누고 싶어?", "의논하고 싶은 일이 있을까?"라고 이야기하면 자연스럽게 자신의 이야기를 하게 되어요. 중요한 점은 비난 없이 이야기하는 것이죠. 서로의 이야기를 경청하고, 감정을 존중하는 분위기를 만들어가는 것이 중요해요. 가족회의에서 이야기가 오고 가는 것은 마치 음악회와 같아요. 각자의 소리와 감정이 어우러져 멋진 하모니를 이루는 것이죠.

말을 넘어서 소통하기란 단순히 말을 하는 것이 아니라 서로의 마음을 이해하고 연결하는 것입니다. 그림책을 읽을 때면 아이들과의 대화에서 비언어적 신호를 주의 깊게 살펴보곤 합니다. 감정 표현을 연습하고, 발표를 통해 소통의 즐거움을 느끼는 거죠. 그러는 동안 서로 간의 신뢰도 쌓일 거예요. 서로의 마음을 이해하고 소통할 때, 진정한 관계가 형성되니까요. 소통은 마치 핑퐁처럼 주고받는 가운데 진심이 나온다는 것을요. 열정적으로, 끊임없이, 용감하게, 꾸준히, 침착하게, 온 마음으로 해보는 거죠. 그 과정에서 함께 웃고, 배우고, 성장하는 우리가 될 수 있었답니다. 더 나아가 친구, 가족, 주변 사람들과의 관계에서 협력과 배려의 가치를 배울 수 있어요.

이렇게 실천해 보아요

1. 비언어적 신호(눈빛, 표정, 몸짓)가 더 강력한 소통의 수단이에요. 아이와 대화할 때는 눈을 맞추고, 표정을 읽으며, 아이의 비언어적 신호를 주의 깊게 살펴보아요.
2. 감정을 표현하는 연습을 통해 아이가 자신의 감정을 인식하고 표현할 수 있도록 도와요. 감정 체크 리스트를 만들어 다양한 감정을 색칠해 보며, 감정을 솔

직하게 말할 수 있는 기회를 만들어요.
3. 정기적인 가족회의를 통해 각자의 감정이나 이야기를 나누는 시간을 마련해요. 이때, 비난 없이 경청하고, 서로의 감정을 존중하는 분위기를 만들며, 가족 간의 유대감을 깊게 할 수 있어요.
4. 그림책을 읽으며 아이들과 감정을 나누고, 감정 표현을 연습할 수 있어요. 아이와 함께 책을 읽고, 그 내용을 바탕으로 감정이나 생각을 나누는 게 소통의 좋은 연습이 돼요.

4

네 감정에 이름 붙여 봐

"엄마! 개미들이 한 줄로 가는 게 우리 유치원 모습과 닮았어요!" 아들들은 어릴 적 시골에서 자란 덕분인지 유난히 곤충 관찰하는 것을 좋아했어요. 특히 마당에서 흙의 감촉을 느끼는 것을 가장 좋아했답니다. 사계절의 변화 속에 자연을 바라보는 시선이 남다르기도 했지요. 앞마당에 가득 피어난 봄꽃, 여름의 소나기, 가을 낙엽 줍기, 겨울 눈싸움까지 어느 하나 놓칠 수 없는 즐거움 가득한 놀이동산이었어요. 그렇게 자연 속에서 자라서인지 감성이 풍부한 두 아들은 모두 예술적 감각을 지니고 있답니다. 감정 표현에도 능숙했어요.

학교 현장에서 그림책을 읽으며 감정 지능이 중요한 시대를 살고 있다는 것을 알게 되었어요. 한때 EQ(감정 지능)가 주목받았던 적이 있었죠. 아이들이 세상을 살아가는 데 감정 지능이 필수적인 요소가 되었어요. <u>감정 지능이란 자신과 타인의 감정을 인식하고 조절하며 이를 통해 사고와 행동을 조정하는 능력을 뜻합니다.</u> 특히 가정에서의 감정 지능이 출발점이라 할 수 있어요. **가정에서의 감정 지능의 역할은 가족 구성원의 감정 상태를 정확히 알아차리고 이해하여 공감을 높이고 갈등을 줄이는 역할을 하기 때문이죠.**

"선생님! 주인공의 아픔이 느껴져서 제 마음에도 슬픈 먹구름이 끼었어요. 어떻게 하면 주인공의 아픔을 달랠 수 있을까요?" 2학년 여학생이 그림책을 읽고 해준 말입니다. 공감 능력이 뛰어나고 감정 지능도 높은 친구였죠. 이처럼 그림책은 감정 지능을 기르는 데 효과적인 매체랍니다. 그림책을 읽고 난 후 감정을 시각적으로 표현하고 간단한 이야기 속에서 다양한 감정을 경험할 수 있도록 돕기 때문이죠. 감정 지능이 발달하면 행동과 판단, 의사소통에도 긍정적인 영향을 미쳐요.

마크 브래킷 교수는 전 세계 사람들에게서 수천 가지의 반응을 수집한 결과 70%가 부정적, 20%는 긍정적, 10%는 중립적이었다고 발표했어요. 실로 충격적이라 할 수 있어요. 자신에게 한번 물어보세요. 자라면서 감정에 대해 무얼 배웠는지 말입니다. 가정에서 감정에 대해 어떤 경험을 했나요? 부모는 당신의 감정, 특히 분노, 두려움, 불안, 슬픔, 외로움처럼 힘든 감정을 어떻게 받아주었나요? 가끔 감정 그림책을 다룰 때 아이들에게도 질문을 던져본 적이 있었어요. 아이들은 긍정적인 사건보다는 부정적인 사건을 더 잘 기억하는 경향이 있어요. 특정 순간을 떠올려보도록 하고 그때의 감정 상태를 이해하고, 불안한 상태에서 조금씩 안정감을 찾도록 도와주었어요.

감정을 다루는 그림책은 너무나도 많답니다. 그중에 인상 깊은 그림책 <감정에 이름을 붙여 봐>는 아이들이 적극적으로 자신의 감정을 들여다보도록 돕는 책입니다. 감정을 풍부한 단어로 표현하는 것부터 시작해요. '타히티'라는 나라에는 '슬픔'이라는 단어가 없어서 사람들이 감정을 잘 표현하지 못한다는 이야기가 있어요. 그로 인해 슬픔으로 힘들어하는 사람이 유난히 많다고 하네요. '내가 지금 어떤 감정을 느끼는지'를 아는 게 자신을 돌보고 타인을 이해하는 데 중요한 역할을 한다는 걸 깨닫게 해줘요. **마음을 적절하게 표현하기만 해도 감정을 건강하게 해소하는 데 도움이 된다는 것을 알려주었어요. 감정을 정확하게 구분하고 표현하는 법을 생활 속에서 배우게 했죠.** 각각의 감정이 마음속에서 하는 일, 우리에게 알려주는 정보와 그 의미를 새길 수 있는 팁을 알려주었어요. 아이들은 '모든 감정이 결국 나를 위해 존재하는 것이구나!' 하는 것을 알아갔어요. 비밀을 알면 좋은 감정, 나쁜 감정이란 따로 없다는 걸 알게 되었어요. 모든 감정이 소중하다는 것을 깨닫게 되지요. 친구들의 감정도 소중히 여길 줄 알게 되었어요.

존 가트맨의 가정 문제 연구자와 에이미 할버스타의 발달심리학자들은 감정을 중시하는 부모가 자녀의 감정을 잘 인지하면 코치처럼 행동할 수 있다고 보았어요. 이들은 가장 기본적인 수준의 협력적 조절은 양육자가 따뜻함, 반응성, 민감성을 발휘하는 것이라고 말했는데요. 아이의 스트레스를 완화하고 안정감을 높일 수 있는 습관을 만드는 방법도 포함합니다. 아이들의 기분 전환 전략도 이에 해당해요. "속상했구나, 쟤가 네 물건을 가져가서 화났구나? 그러면 어떻게 해결할 수 있을까?"라고 물어보는 식으로 아이의 감정을 인정하고 해결책을 찾도록 도와주었어요. 또한, 아이 스스로 감정을 조절하는 계기를 만들어주는 방법도 동원해 보았어요. "무슨 일이야? 기분이 어때? 어떻게 하고 싶어?"와 같은 질문을 던지는 거죠. 스스로 문제를 해결하도록 유도해 주는 것도 좋았어요. 또 하나의 전략은 메타 인지적 자극입니다. 이 전략은 아이들이 다른 감정 조절 전략을 만들어내거나 대안을 선택하도록 이끌어주는 거예요. "무슨 일이 일어났는지 이 상황을 다른 방향으로 생각해 볼까? 좀 전에 한 행동 대신 어떤 다른 행동을 할 수 있을까? 비슷한 느낌이 들었을 때 어떻게 했더니 효과가 있었지?" 등의 발문입니다.

자, 이제 타임머신을 타고 과거로 돌아가 볼까요. 이제 기억을 되짚어봐야 할 시간입니다. 우리가 어떻게 자랐는지 살펴보고, 머릿속에 간직해 둔 가족에 대한 단서를 찾아보도록 할게요. 부모나 양육자와의 관계가 어땠는지, 집에 있을 때 어떤 감정이 들었는지 생각해 보면 됩니다. 어린 시절 집안 분위기를 한마디로 표현한다면 어떤 단어가 떠오르나요?

심리학자 톰킨스는 인간의 타고난 아홉 가지 감정들을 구분하면서, 이것이 사람의 다양한 표정 속에서 잘 드러난다고 말하고 있어요. 모든 아이는 얼굴 근육에 입력된 것처럼 표정들을 가지고 태어난다고 하네요. 연구 자료들에 의하면, 세계 어느 곳이든, 어떤 사람들이든, 어느 문화에서든, 모두가 같은 방식으로 감정을 표현한다고 해요. 이러한 감정은 생물학적 생존을 위해 필요한 기본적인 의사소통 방식이라고 할 수 있어요. 행복, 두려움, 슬픔, 놀람, 화 등의 기본 감정을 알고 점차 개수를 늘려서 감정 표현을 더욱 풍부하게 사용해 보도록 했어요. 한 심리 실험에 따르면 어른들조차도 감정 단어를 몇 가지만 제한적으로 사용하는 사람들이 많다고 해요. 감정을 건강하게 다루고 싶어 하는 양육자와 함께 읽어도 매우 좋은 책입니다. 수업에서는 책 제목처럼 스스로 느끼는 기분과 감정에 '이름 붙이기' 놀이를 통해 아이들이 자신의 감정을 적절하게 표현하도록 격려해 주었어요. 감정이 하는 일과 긍정적인 면을 이해하고 나면 좋은 방향으로 쓰는 방법을 떠올리기 편해지니까요.

놀이를 통해 감정 지능의 발달을 살펴보면, 곤란한 상황에서 자신의 감정을 어떻게 조절해야 하는지를 스스로 터득해 나갔어요. 이를 통해 무조건 화부터 내던 아이가 자신의 감정을 차분하게 이야기해 주었어요. 신체적 비하나 외모에 대해 비난받은 부정적 평가는 오래도록 아이의 뇌리에 남아 떠나질 않았어요. 그래서 아이는 자기혐오와 자기 의심을 낳았고 부정적인 감정으로 가득 차 있었어요. 즉 낫지 않는 상처로 남았다는 것이죠. 수치심, 두려움, 자기혐오를 느낄 때 이 감정을 조절하도록 옆에서 도와주었어요. 부정적인 시각이 아이를 억누르지 않도록 해주었죠. 아이들이 정서적으로 건강하게 성장할 수 있도록 돕는 게 심리 치유의 길이기도 하니까요. 아이들이 건강한 감정 표현을 통해 자신을 이해하고 조절할 수 있도록 돕는 것이야말로 우리가 줄 수 있는 가장 큰 선물이 아닐까요?

이렇게 실천해 보아요

1. 아이들에게 다양한 감정 단어를 소개하고, 각 감정이 어떤 상황에서 나타나는지 설명해 주세요. 예를 들어, '슬픔', '분노', '기쁨', '놀람' 등의 감정을 일상 속 사례와 함께 알려주어요.
2. <감정에 이름을 붙여 봐>와 같은 그림책을 함께 읽으며 감정 표현을 연습할 수 있어요. 이 책은 마흔다섯 가지 감정을 소개하고, 각 감정의 의미와 표현 방법을 알려주어요.
3. 하루 동안 느낀 감정을 일기를 써서 자신의 감정을 인식, 표현하는 능력을 길러주어요.
4. 다양한 상황을 설정하고 역할 놀이를 통해 감정을 표현해 보세요. 이를 통해 아이들은 다양한 감정을 경험하고, 그에 따른 행동을 이해하게 돼요.
5. 아이들이 감정을 잘 표현했을 때 칭찬과 격려를 통해 자신감을 높여주어요.

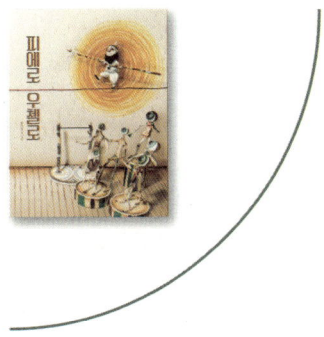

5

나에게 스트로크해 주기

이른 새벽 교수님과 함께 모닝 미라클을 했던 때는 열정으로 가득 찬 시간이었어요. 가족 치료사이자 상처받은 내면 아이 치료 전문가인 존 브래드쇼의 『상처받은 내면 아이』 책을 공부하고 나서 외적, 내적인 변화는 물론이고 타인의 내면을 들여다보는 용기까지 생기게 되었어요. 필수 과정처럼 책을 다 마치고 나서 그림책 심리 치유의 길을 잘 선택했다는 확신이 생겼어요. 지금도 만나는 친구들의 내면을 치유하기 위해 반복해서 읽으며 곁에 두고 있답니다. 저에게 성장을 선물해 준 고마운 책이랍니다.

무엇보다 책을 쓰기로 마음먹었을 때, 모든 아픔의 근원이 어린 시절 가정에서 비롯된 트라우마라는 사실을 깨달았어요. '아이들의 어린 시절 해결하지 못한 슬픔을 어떻게 치유할 수 있을까?'라는 고민 속에서 끊임없이 공부를 이어나갔죠. 여전히 부족하고 어렵지만 지금 제 곁에 함께하는 친구들, 앞으로 만나게 될 친구들을 위해 꾸준히 배워나가고 있어요. 상담 과정에서 가족과의 이별로 인한 슬픔, 온갖 종류의 학대, 성적 폭력, 의존 대상에 대한 결핍, 잘못된 양육으로 인한 불안감 등 다양한 상처를 지닌 친구들을 만나왔어요. 카를 융은 우리의 타고난 모습 그대로의 자연스러운 아이를 가리켜 '놀라운 아이'라고 불렀어요. 이 아이는 탐험에 대한 타고난 잠재력과 경이로움, 창조적인 존재가 될 수 있는 요소들을 가지고 있어요. 자기 이해와 대인 관계 개선, 특히 부모와 자녀 간의 건강한 관계 형성에 유용한 통찰력을 제공해 주죠. 중요한 것은 어린 시절 어떤 부모의 자아에서 양육되었는가를 유심히 살펴보아야 해요. 성장 발달단계에서의 경험이 인생 전반에 깊은 영향을 미치기 때문이에요.

내면 아이와 직면하고 뿌리 깊은 감정을 해소하고 나면 비로소 치유가 시작됩니다. 상담을 통해 아이들을 이해하는 데 많은 도움을 받았고 신중하게 접근할 수 있었어요. 어린 시절 부모에게서 멀리 떨어져 자라게 된 아이의 트라우마와 마주한 적이 있어요. "저도 부모님의 사랑을 받고 싶어요. 선생님! 가족이 다 같이 행복하게 살고 싶어요."라고 말하며 울먹입니다. 자신의 사랑이 받아들여지기를 바라는 마음이 좌절되는 것은 큰 정신적인 충격이에요. 어린 시절의 버림받음, 방치, 학대로부터 회복하는 길은 하나의 연속 과정이에요. 그래서 오랜 치유의 시간이 필요하기도 하죠. 존 브래드쇼는 건강하고 기능적인 부모는 자녀를 양육하는 일을 일생에서 가장 책임감 있는 결정으로 받아들이고 자녀들에게 성숙함과 자율성의 본을 보여준다고 말합니다. 미해결된 어린 시절의 상처를 해결해 나가는 과정에서 튼튼한 정체성을 세우기 위해 노력하고 있다는 것이죠.

아이는 <명희의 그림책>을 읽고 가족의 소중함과 화해의 가치를 알게 되었어요. 자기 돌봄을 통해 내면 아이를 건강하게 만나도록 해주었어요. 내면 아이의 감정과 욕구를 비판하거나 무시하지 않고 인정하고 수용해 주었죠. 과거의 상처를 용서하는 방법을 익히고 긍정적인 부모의 자아를 그리도록 도왔어요. 내면 아이에게 안정감을 주고 사랑을 주어야 해요. 이러한 욕구가 채워지면 사랑의 에너지는 부모를 사랑하는 방향으로 흘러가게 돼요. 상처받은 내면 아이를 치유하기 위해서는 아이가 요구하는 걸 긍정적이고, 조건 없이 받아들여 주어야 합니다. 그래야 아이가 다른 사람을 있는 그대로 사랑하고 인정할 수 있으니까요.

오소리 작가의 북토크에서 했던 말이 떠오르네요. '내 안의 내면 아이를 보듬을 수 있어야 내 앞의 타인을 보듬을 수 있다.' 상담에서 초기의 겪은 고통을 다루는 작업이 중요해요. 어린 시절의 정서적인 고통은 무감각해지거나 억압되기 마련인데요. 제대로 해결되지 않은 채, 밖으로 표출되곤 하죠. 감정과 신체감각을 알아차리고 필요 없는 믿음과 감정은 놓아주는 게 필요해요. 내면 아이를 빠르게 알아차리고 미해결된 감정과 욕구를 파악하도록 했어요. 그 과정에 글쓰기와 편지 쓰기로 상처를 극복해 나가도록 도와주었어요. 솔직하게 내면을 들여다보고 치유해 나갈 수 있는 강력한 방법이죠. 떨어져 있는 부모에게 편지를 쓰는 것만으로도 아이의 내면의 틈에 햇살이 비추기 시작할 거예요.

기억에 남았던 내면 아이를 치유하는 방법이 있어요. 바로 내면 아이에게 '스트로크 주기'입니다. 아이들은 신체적으로 쓰다듬어주고 안아주지 않으면 죽을 수도 있다는 연구 결과가 있어요. 갓난아기가 살아남고 성장하기 위해서는 접촉하고 자극을 주는 것이 필요해요. 그렇지 않으면 굶주린 것처럼 아기들은 소모증(체력이 점점 소모되는 증세)이라는 병에 걸리게 된다고 합니다. 마치 성장의 역행과도 같죠. 스트로크가 없으면 아기는 시들시들해지고 기력이 소진되어 버립니다. 어린아이가 자랄 때는 신체적인 스트로크뿐만 아니라 많은 양적인 격려의 표현들이 필요합니다. 이것은 보호의 한 형태이죠. 아이들은 스트로크 없이는 살아갈 수 없어서 어떻게든 그것을 얻으려고 합니다.

존 브래드쇼는 이렇게 말했어요. "당신에게 가장 강력했던 선언문은 무엇이었는지 기억해 보라. 이 선언문을 당신을 위한 특별한 스트로크로 사용하라. 당신이 처음으로 내면 아이를 성장시키는 법을 배워나갈 때, 내면 아이는 매일 그 선언문을 들을 필요가 있다." 저는 상담 중 제가 주로 만나고 있는 학령기의 선언문을 자주 들려주었어요. "실수해도 괜찮아…. 너는 보통의 방법으로도 어떤 일들을 할 수 있단다…. 항상 완벽하거나 똑바로 할 필요는 없어. 왜냐하면 나는 있는 그대로의 너를 사랑하기 때문이야." 상담 중에 자주 해주는 표현입니다. 나만의 선언문을 직접 써보도록 시간을 주었어요. 한 번에 한 가지의 선언문을 15~20회 정도 쓰도록 하고 선언문을 갖고 다니면서 자주 쳐다보고 크게 말해 보라고 합니다. 모든 선언문을 카드에 쓰고 눈에 잘 띄는 장소에 붙여놓으라고요. 이 선언문들을 친구에게 읽어달라고 하거나 녹음기에 녹음해서 들어보아도 좋다고 방법을 알려줍니다. 친구가 나에게 창피를 주었을 때, 또 다른 친구에게 전화해서 스트로크를 부탁하는 것은 매우 건강한 모습입니다. 아이들에게도 연습하라고 말해 주고 있죠. '내가 멋지고 가치 있는 사람이라고 말해 주세요.' 혹은 '네가 나를 얼마나 사랑하고 가치 있게 생각하는지 말해 줘.'라고요. 우리에게 필요한 구체적인 스트로크를 부탁하는 것은 건강한 현상이니까요. 일상생활에서도 필요한 연습이에요.

내면 아이 치유 그림책으로 <피에로 우첼로>를 활용했어요. 우첼로는 공중곡예를 하는 피에로로 서커스단에서 가장 사랑받는 곡예사예요. 우첼로는 사랑과 인정을 받기 위해 온갖 노력을 기울이지만 그럴수록 외로움과 두려움은 커져만 가고 시간 속에 갇혀버리게 돼요. 새장 앞으로 다가간 우첼로는 그 아이들이 바로 우첼로 자신이었다는 걸 알아차려요. 상처받고 외면했던 자신의 마음이었어요. 내면 아이와의 만남(접촉)이 이루어져요. 그리고 꼭 안아주었어요. 결국, 내 안에 내면 아이를 치유하고 성장시킬 수 있는 건 나 자신이라는 것을 보여주는 장면입니다. 두려움에 외면하고 살았던 '나를 만나는 것'이 치유의 시작인 거죠. 우첼로의 마음에 처음으로 고요함이 찾아오고 따스한 햇살 같은 향기가 온몸에 퍼졌어요. 아이들에게 치유적인 발문으로 들어갔어요. "지금 나를 가장 힘들게 하는 감정은 무엇인가요?", "사랑받고 인정받고 싶지만 그럴수록 두려움과 외로움을 크게 느껴본 적이 있나요? 그럴 때 나는 어떻게 했나요?"

우첼로가 새장에 갇힌 아이들을 꺼내 안아준다는 건 상처받았던 어린 나를 알아봐 주고 따뜻한 시선과 포옹으로 안아주는 것과 같거든요.

'당신이 가장 두려워하는 것을 찾아라. 진정한 성장은 그 순간부터 시작된다.' 세계적인 '내면 아이' 권위자 마거릿 폴 심리학 박사는 말했어요. 특히 내면적인 유대감 형성을 통해 자존감을 회복하고 타인과 사랑을 주고받기에 너무 늦은 시기란 없다고 했죠. 그런 의미에서 자신에게 스스로 스트로크를 주는 것은 아주 건강한 현상이라 할 수 있어요. 자신을 사랑하고 대접할 때만이 남도 우리를 대접해 줄 수 있으니까요!

> **이렇게 실천해 보아요**
>
> 1. 자신에게 힘이 되는 긍정적인 선언문을 작성하여 매일 반복적으로 읽고 쓰세요. 예를 들어, "실수해도 괜찮아. 나는 있는 그대로의 나를 사랑해."와 같은 문구를 활용할 수 있어요.
> 2. 타인에게 긍정적인 피드백을 요청하거나, 자신이 받은 칭찬을 기록하여 자주 되새겨보세요. 이는 자존감을 높이는 데 도움이 돼요.
> 3. 어린 시절의 자신에게 편지를 써보거나, 그림을 그리며 감정을 표현해 보세요. 이를 통해 과거의 상처를 이해하고 치유할 수 있어요.
> 4. 가족이나 친구들에게 자신의 장점이나 긍정적인 면을 말해 달라고 요청하고, 이를 기록하여 자주 읽어보세요. 이는 자기 인식을 향상하는 데 도움이 돼요.

6

피할 수 없으면 즐겨라

그림책 심리 치유 심화 과정으로 들어갈 때였어요. 교수님께서는 존경하는 심리학자 한 명을 선택해 깊이 연구하라는 과제를 내주셨어요. 그때, 한 치의 망설임도 없이 빅터 프랭클을 떠올렸죠. 삶의 의미와 이유를 찾게 해준 의미 치료는 본능처럼 흡수되었으니까요. 미친 듯이 파고들기 시작했어요. 도서관을 헤집고 하나하나 정리하며 희열을 느꼈던 순간을 잊을 수가 없네요. 삶에 대한 잘못된 신념이나 부정적 관점들을 변화시키고 긍정의 가치를 발견하도록 하는 데 도움을 주었거든요. 자기 시련이 찾아오는 순간에도 기꺼이 그 시련을 견디게 해주었어요. "고통이 아무리 크더라도 의미를 찾아낸다면 이겨낼 수 있다." 삶의 소중한 가치를 느낄 수 있었어요.

지금까지 현장에서 가장 많이 응용하고 있는 의미 치료입니다. 동시성으로 빅터 프랭클의 『죽음의 수용소』를 접할 기회가 찾아왔어요. 독서 모임에서 읽는다고 했을 때 가슴이 뛰었어요. 그가 직접 겪었던 강제수용소에서의 극한의 삶을 통해 고통이 주는 삶의 의미를 증명해 주었어요. 심리적 고통을 의미 있게 받아들임으로써 살아남았고 지금까지도 우리에게 살아야 할 이유를 전해주고 있답니다. 의미 치료는 인간이 최악의 상황에서도 삶에 의미를 부여함으로써 고통을 이겨낼 수 있다고 말합니다. 인간은 결정지어진 존재가 아니라 선택하고 스스로 결정하는 존재이기 때문이죠.

친구들에게도 '자유의지'에 대해 말해 줍니다. 자신을 강하게 만들어가도록 하기 위해서죠. 그렇게 만난 그림책이 베아트리체 알레마냐의 대표작 <유리 아이>예요. 이 책은 저를 되돌아보게도 해준 의미 있는 그림책이에요. 유리 아이는 삶의 의미를 다른 사람들이 결정짓고 평가하는 것을 거부해요. 삶의 의미를 스스로 찾으려고 방황하고 헤매면서 수많은 눈물을 흘리죠. 유리 아이가 흘린 눈물은 수정이 됩니다. 그러는 동안 소중한 의미를 깨닫고 더 단단해진 모습으로 돌아오게 되어요.

아이들은 묻습니다. "왜 사람들은 유리 아이를 그냥 내버려두지 않았나요?" 있는 그대로의 유리 아이를 바라보지 않는다는 사실을 날카롭게 지적하는 질문이었어요. 포스트잇 인터뷰 토론을 펼쳐나갔어요. 여러 친구의 의견을 경청하고 공감했어요. 아이들은 말해 주었어요. "다른 사람의 말과 시선에 휩쓸려 언제까지 떠돌며 살 수 없다는 것을 깨달았어요." 있는 그대로의 모습으로 살아가는 법을 천천히 배워가게 됩니다. 상황은 바뀌지 않았지만, 그것을 받아들이는 마음에 따라 자신의 의지로 바꾸어나갈 수 있다는 것을 보여주는 참 좋은 그림책입니다. 그러면서 아이들도 자신을 자연스럽게 받아들이는 삶의 태도를 배워갑니다. 있는 그대로의 모습을 인정해 주는 것이 중요하다는 걸 알게 되었죠. 자유의지를 갖고 선택하고 스스로 결정하는 삶을 보여주었어요.

  고통과 역경을 대하는 태도를 선택할 자유. 이것은 인간만이 지닌 고유한 영역이에요. 영적 가치를 갖게 합니다. "수용소에서 누군가는 돼지였고, 누군가는 성자였다."라고 말한 빅터 프랭클은 주어진 삶의 조건들을 선택할 자유를 지닌 것은 오직 인간만이라고 했어요. 이를 보여주는 그림책을 찾았고, 아이들과 흥미진진하게 이야기를 나누었어요. <스갱 아저씨의 염소>로는 "자유를 찾아 산으로 달려간 염소 블랑께뜨에게 공감할 것인가? 위험하다며 산에 가지 못하게 한 채 목줄을 채우고 어두운 외양간에 묶어둔 스갱 아저씨에게 공감할 것인가?"에 대해 열띤 '질문 만들기 토론'을 벌이기도 했어요. 삶을 대하는 태도를 배울 수 있는 좋은 기회였죠. "현실 속을 살아가는 나는 블랑께뜨일까? 스갱 아저씨일까?", "나는 어떤 삶을 살기를 바라고 있나?" 발문을 통해 이것저것 많은 것을 생각하게 했어요. 아이들도 무엇이 옳다가 아니라 서로 다를 수 있음을 받아들여 주었어요. "어떤 고통이나 역경이 찾아와도 좌절하지 않고 극복해 나가는 태도가 중요하다는 것을 배웠어요." 아이들이 활동 자료에 써준 글이에요. 참으로 멋진 친구들입니다. 고통, 죄책감, 죽음의 3대 비극도 중요한 의미가 있다고 봅니다. 이것에 맞서 어떤 태도를 갖출 것인지 생각해보면서 의미를 발견할 수 있으니까요. 그러는 동안 분명히 성장하고 고통을 극복해 내는 강한 힘을 배울 수 있었어요. 이처럼 삶의 과제를 해결하기 위한 판단의 몫은 자신이며 책임을 지고 진정한 삶의 의미를 실현시켜야 합니다. 제가 삶의 신조로 삼는 말이 있어요. "인생을 두 번째로 사는 것처럼 살아라. 그리고 지금 당신이 막 하려고 하는 행동이 첫 번째 인생에서 이미 그릇되게 했던 바로 그 행동이라고 생각하라." 그가 전해준 이 명언은 언제나 깊은 울림을 주어요.

아이들에게도 지금 자신의 자리에서 할 수 있는 것들을 찾아보게 했어요. 작은 것이라도 무언가를 만들어냄으로써 삶의 의미를 부여하는 것이죠. 그것이 봉사가 되든 자기 계발이든 소소한 일이어도 좋다고 말이죠. 관계 속에서 경험함으로써 삶의 의미를 찾는 것이 중요하니까요. 친구, 부모, 가족 전체, 선생님 누구든 건전한 관계를 맺는 것은 아주 중요한 일이죠. 충분히 경험하는 것, 세상과 소통하고 사랑하고 기쁨을 경험하며 성취감을 느껴가게 말이에요. 삶에서 부딪치는 상황마다 어떤 태도를 보일지 자신이 결정하도록 합니다. 어쩌면 저는 아이들에게 이러한 태도적 가치를 경험하게 해주기 위해 그림책을 읽고 함께 나누고 있는 것인지도 모르겠네요.

그런 의미에서 <우산 대신 ○○>을 펼쳐 보였어요. 주인공은 학교에서 멜로디언 연주도 망친 데다 비까지 내리는 날을 맞이합니다. 아이들은 일상에서 자신이 흔히 겪는 일이라 더 좋아합니다. 빗속으로 뛰어들어 중간중간 피하다 나무 밑으로 들어가기도 하죠. 우산을 대신할 걸 찾지만 결국 홀딱 젖고 맙니다. 무엇도 '우산이 될 수 없다면 바다에 왔다고 생각하자.'라는 태도로 전환합니다. 그러고 나니 좀 더 느긋하고 여유가 생깁니다. 망쳤다고 평가할 만한 하루가 '괜찮은 하루'가 된 이유는 긍정적인 태도를 선택했기 때문이죠. '인생이란 폭풍우가 지나가기만을 기다리는 것이 아니라 빗속에서 춤을 추는 법을 배우는 것이다.'라고 이야기한 비비언 리의 말이 떠오르는 그림책이에요.

아이들은 여러 권의 그림책을 통해 치유의 힘을 배웁니다. 세상 밖으로 나가서도 강하게 살아갈 수 있도록 하는 원동력이 되어줄 거예요. '고통을 피할 수 없으면 즐겨라.' 이 말은 진리인 듯합니다. **그림책에서 고통을 통해 극복하는 의지를 배우고, 상상력을 통해 변화시키며, 긍정적인 에너지를 불어넣도록 하는 것이죠. 고통은 성장의 중요한 부분이며, 삶의 여정 속에서 항상 함께한다는 것을요.** 아이들은 자신이 처한 상황을 극복하는 힘을 얻었어요. "선생님! 저도 스스로 무언가를 해낼 줄 아는 사람이라는 게 자랑스러워요. 내 인생의 주인공은 바로 나이니까요." 활짝 웃고 있는 아이들이 멋져 보였어요. 저는 고개를 끄덕이며 이심전심이라는 미소로 화답해 주었어요.

이렇게 실천해 보아요

1. 스스로 의미 있는 목표를 설정하고 작은 일부터 실천해 보아요. 어려움에 직면했을 때 "이 상황에서 내가 선택할 수 있는 건 무엇인가?" 묻고 생각해 보아요.
2. 부정적인 사건을 새로운 시각으로 해석하고 배움의 기회로 삼아요. 일상에서 '괜찮아, 다시 해보자.'는 태도로 실수를 성장의 계기로 전환해요.
3. 친구, 가족, 공동체에서 의미 있는 관계를 형성하고 공감 능력을 키워요.
4. 의미와 자유를 주제로 한 그림책을 통해 다양한 삶의 태도를 성찰하는 활동을 해요. 발문(질문)을 통해 자신과 타인의 관점을 비교하고 토론해 보아요.
5. '내 인생의 주인공은 나'라는 주체적 태도를 일상에서 연습해요. 고통과 역경에 직면했을 때, 긍정적 변화의 가능성을 찾고 실천해 보아요.

7
엄마의 큰 선물

친구들과 만나면 자주 나누는 이야기가 있어요. "가족 중에 내 감정을 언제라도 솔직하게 터놓고 말할 수 있는 사람이 있나요?"라고 물어봅니다. 아이들은 가족보다는 친구를 먼저 떠올렸어요. 그만큼 친구가 더 편하다는 의미겠죠. 가족 중에 나를 온전히 지원해 주고 있고 어떤 감정이든 받아주고 이해해 주는 분위기가 필요하다는 증거입니다. 그래야 언제든 마음을 열고 문제가 생겨도 쉽게 이야기할 수 있죠.

"지금 아이들에게 어떤 일이 일어나고 있는지 알고 있나요? 그리고 마주 앉아 터놓고 대화하고 있나요?"

진심으로 아이의 마음을 읽어주는 시간이 필요한 때입니다. 아이를 지지하는 환경에서 안전하게 이루어지는 대화라면 대단히 중요한 의미가 있죠.

어느 어머니와의 상담에서 인상 깊은 말씀이 기억에 남았어요.

"과거의 내가 지금 아이를 양육하는 방식에 큰 영향을 미치고 있다고 느낄 때면, 아이들에게 제가 줄 수 있는 큰 선물을 줍니다. '엄마에게 지금 이런 일이 일어나고 있는 거야.'라고 알려주는 거예요. 더 이상 숨기지 않는 것이죠."라고 밝게 말해 주었어요. '참으로 솔직하고 안전한 대화를 하고 있구나!' 속으로 감탄한 적이 있어요. 어머니의 경험을 공유하고, 맞섰던 난관들을 하나하나 알려주고, 거기서 얻은 교훈을 전해준다고 했어요. 부모가 사실을 솔직하게 말함으로써 문제가 있는 게 자기가 아니라 부모라는 걸 알게 되는 것이죠. 어머니의 아이는 부모도 불안할 때가 있고, 완벽하지 않다는 걸 알고 있었어요. 어른에게 열린 마음으로 대하는 모습에서 알아차릴 수 있었답니다. 그러니 가족은 권위나 위엄이 필요한 곳이 아니라, 서로를 있는 그대로 받아들이는 공간이라 할 수 있겠죠.

아이들과 솔직하게 대화합니다. 이게 심리 치유의 시작이며 아이의 마음을 이해하는 길이니까요. 심리 치유 시간만큼은 온전히 아이의 마음을 헤아리기 위해 모든 에너지를 쏟습니다. <알사탕>을 읽고 난 어느 날, 아이가 제게 다가와 말없이 사탕 하나를 건네주었어요. "선생님은 저에게 알사탕 같은 사람이에요!" 눈물이 핑 돌았어요. 아이의 뒷모습을 바라보며 자신을 가장 잘 이해해주는 한 사람이 곁에 있어 든든하다고 말하는 것 같았거든요. 그리고 제게도 솔직한 어른이 되어야 한다는 울림을 주었답니다.

상대방의 진심을 알게 되면 관계는 한층 부드러워질 수 있어요. 어쩌면 우리 모두 '속마음'을 누군가가 알아차려 주길 바라고 있는지도 모르겠어요. 아마 알사탕의 모습으로 기다리고 있는 건 아닐까요? 살면서 겪는 갈등은 서로의 속마음을 제대로 알지 못하는 데서 비롯되죠. 속마음을 들어주는 것만으로 가족 간의 이해는 깊어지고 공감이 싹틉니다. 자연스럽게 오해와 불신도 사라지겠죠. 그러면서 이해심이 자라나고 내면의 상처를 치유하게 되어요. 우리에게 동동이의 알사탕은 없지만, 들어줄 수 있는 열린 마음이 있으니까요. 그런 마음만 있다면 치유는 그리 어려운 일이 아니라는 생각이 듭니다.

　동기 선생님들과 공부했던 소아 정신과 전문의 서천석 교수님 책에 이런 구절이 있어요. "지혜롭고 유능하고 성숙한 부모가 아이를 잘 키울 수 있는 것은 아니다. 보통의 부모라면, 본능대로 다가가서 사랑을 표현할 수 있는 부모라면 아이는 그 속에서 충분히 잘 자랄 수 있다. 이만하면 충분히 좋은 부모는 그런 부모다."

　참으로 맞는 말입니다. 말로는 행복한 가정을 꾸리기 위해서 산다고 하지만 과연 그런 꿈을 향해 부모로서 제대로 나아가고 있을까요? 더 생각해 볼 그림책이 있어요. 그림책의 세계적인 거장 앤서니 브라운인데요. 그림책을 읽어주는 이유를 부모와 아이 사이에 소통이 이루어지길 바라기 때문이라고 했어요. 부모는 자신이 어린 시절 읽었던 익숙한 이야기가 지금 이 시대를 살아가는 아이들에게는 어떻게 받아들여지는지 느낄 수 있어요. 그림책을 부모와 아이가 소통할 공간으로 만들어주는 것이 그의 바람입니다. <고릴라>는 작가의 어린 시절 아버지의 모습이 담긴 책입니다. 부모는 아이를 위해, 행복한 가정을 꾸리기 위해 열심히 일하지만, 정작 아이와의 시간을 갖기가 어렵습니다. 행복하기를 바라면서도 행복은 계속 미래로 미뤄

두게 되죠. 책 속의 아빠는 바쁜 일상에서 아이와의 시간 내기를 어려워합니다. 아빠와의 교류를 통해 더 자라고 싶지만, 아빠는 집에 와서도 일해야 합니다. 그래서 아이는 꿈속에서나마 소망을 실현합니다. 아빠와 함께하고 싶었던 모든 걸 하며 온전히 데이트를 즐겨요. 아이들은 꿈을 꿔서라도 소망을 이루고 싶어 하죠. 그렇게 부모를 사랑하고 싶어 합니다. 부모가 할 일은 그런 아이의 옆에 그저 머무는 것인데, 우리는 그것 하나 하지 못하며 행복을 꿈꾸고 있는 건 아닐까요?

부모가 마음의 여유를 갖고 진정으로 사랑하고 이해해 주어야 합니다. 그렇게 곁에 머물러주는 것이죠. **감정 회복을 위한 대화를 시작하고 끝까지 들어주는 것부터 시작해 보면 어떨까요? 자녀가 감정을 자유롭게 표현할 수 있도록 기다려주고 있나요? 아이의 감정 상태를 잘 읽어주고 있나요? 진심으로 공감하고 이해하고 있나요?** 성인이 된 제 아들과의 대화에서도 늘 염두에 두는 부분이랍니다.

"그래서 그랬구나!" 이 한마디가 부모의 공용어가 될 수 있다면, 감정과 생각을 진솔하게 나누며 아이를 이해하는 기회를 얻을 수 있어요. 서두에 상담한 어머니의 말씀을 떠올려봅니다. 아이에게 전해주는 솔직함이야말로 큰 선물이라는 생각이 드네요. 시간을 내주고, 마음을 솔직하게 열어보이는 것. 그리고 어루만져주는 것. 아이들이 바라는 게 바로 이런 솔직한 대화라는 생각을 해봅니다. 물질적으로 큰 선물을 바라는 게 아니라는 거죠. 우리는 종종 더 나은 부모가 되기 위해 노력하지만, 정작 중요한 것은 평범한 순간에 사랑과 공감을 표현하는 거예요. 진심 어린 대화와 이해가 더 필요한 거죠. 아이들에게 안정감을 주고, 감정을 치유하며, 건강한 관계를 형성하는 밑거름이 되어주니까요. 부모가 아이의 감정을 이해하고 공감하는 순간, 아이는 자신이 소중한 존재임을 깨닫고 자신을 사랑하는 법을 배웁니다. 아이들의 환한 웃음을 지켜주는 가장 큰 힘은 바로 이처럼 마음을 열고 소통하는 데서 비롯됩니다. 그저 마주 앉아 마음을 헤아려주는 대화. 이게 아이들이 바라는 가장 큰 선물이 아닐까요? 치유를 통해 아이들의 환한 웃음을 다시 마주할 수 있도록요.

아이들은 오늘도 부모님이 "우리 함께하고 싶은 이야기를 나누어볼까?"라고 말하며 다가와 주기를 기다리고 있을 겁니다. 잠시 바쁜 일정은 접어두고 아이의 눈을 마주하며 편안한 분위기를 만들어주는 건 어떨까요? 아이의 대화를 들어주는 것 이상으로 부모의 마음을 열어 보여주는 게 서로를 가깝게 하는 좋은 방법이라는 걸 깨닫게 된답니다. 친밀한 관계란 그리 어려운 게 아니라는 생각이 들게 하네요.

이렇게 실천해 보아요

1. 하루에 한 번 아이에게 "오늘 어떤 일이 있었어?"라고 물어보며 관심을 표현해요.
2. "그래서 그랬구나.", "네 마음이 이해돼."와 같은 공감 문장을 자주 사용해요.
3. 일주일에 한 번 아이와 단둘이 보내는 시간을 만들어요.(산책, 그림책 읽기 등)
4. 부모도 불안하거나 힘들었던 경험을 적절하게 공유해요.

---

3. 감정의 매듭을 풀어가는 여정

5. 아이가 감정을 자유롭게 표현할 수 있도록 비판이나 잔소리를 자제해요.

8
육아는 감정 레이스

"오늘따라 얘까지 왜 이래? 안 그래도 짜증 나 죽겠는데."

일과에 시달리는 부모들이 무심코 내뱉는 말입니다. 부모의 감정은 마치 바이러스처럼 전염됩니다. 부모가 스트레스를 받으면 아이도 금세 그걸 느끼고 똑같이 스트레스를 받게 되죠. "어, 내가 오늘 회사에서 너무 힘들었어. 그런데 왜 이 녀석까지 짜증을 부리지?" 하는 경험 해보셨을 거예요. 이유는 바로 부모의 감정이 자녀에게 무의식적으로 전해졌기 때문입니다. 아이들은 특히 부모의 표정이나 말투, 심지어 몸짓까지 예민하게 받아들여요. 부모가 아침부터 찌푸린 얼굴로 "오늘 하루 또 시작이네…."라며 한숨을 내쉬면, 아이들도 곧장 에너지를 받아들이죠. 아이가 학교에 가기 전부터 잔뜩 짜증을 부리거나, 아무 이유 없이 무기력해진다면 그건 부모의 감정 상태를 반영하는 것이라 할 수 있어요.

부모의 감정이 아이에게 미치는 영향은 생각보다 훨씬 큽니다. 아마도 부모들은 "내 감정은 상관없어. 아이가 행복한 게 중요하지!"라고 말할지도 모르겠어요. 사실 부모가 감정적으로 안정적이고 편안해야 아이들도 마음의 안정을 찾을 수 있답니다. 반대로 부모가 불안하고 초조하면, 아이 역시 이유도 모른 채 긴장하게 돼요. 아이들은 부모의 감정을 엑스레이처럼 꿰뚫어 보며, 부모가 느끼는 감정은 자녀에게 바로 전달되기 때문에, 영향력은 생각보다 훨씬 큽니다. 정서 대물림이라는 말을 하는 이유도 여기에 있다고 보아야 해요. 부모가 운전 중 "아, 이 길 정말 막히네! 왜 이리 지옥 같지?"라고 투덜대면, 뒷자리에 앉아 있는 아이는 무슨 일이 벌어지는지도 모른 채 세상이 정말 무서운 곳이라 느끼게 될 수 있죠. 부모가 불안한 날씨의 일기예보처럼 흔들리기 시작하면, 자녀는 눈앞에 먹구름이 가득한 하루를 예상하게 되는 거예요. 그래서 부모가 긍정적인 에너지를 유지하는 게 그만큼 중요해요. 안정된 환경을 만들어주는 것이야말로 자녀의 감정 발달에 결정적인 역할을 하거든요.

부모는 자녀가 감정을 다루는 법을 배우는 첫 번째 교과서입니다. 부모가 스트레스를 받을 때 그걸 어떻게 해소하는지, 화가 났을 때 어떻게 다스리는지, 슬플 때 어떻게 극복하는지를 보고 아이들은 그걸 그대로 따라 배워요. 부모가 감정을 처리하는 방식은 자녀에게 그대로 전수됩니다. 만약 부모가 화가 났을 때 "오늘은 날이 아니야!"라며 도망치듯 방으로 숨어버리면, 아이는 "화가 나면 방으로 들어가서 숨으면 되는구나!"라고 배울 수 있어요. 반대로, 부모가 "화가 나지만, 지금은 잠깐 숨을 고르고 얘기할 수 있어."라고 말하며 감정을 차분히 조절하는 모습을 보여준다면, 아이 역시 같은 방식으로 감정을 조절하는 방식을 익히게 될 거예요. **어릴 때부터 양육자의 행동 패턴을 거울처럼 따라 하고 본능적으로 배우거든요. 부모의 행동 패턴을 습득하여 신경세포인 뉴런에 저장해요. 이런 경험은 어른이 된 후에도 영향을 주죠. 그러니 부모의 감정 관리 능력은 자녀의 미래 감정 지능에 큰 영향을 미친다고 할 수 있어요. 결국, 부모의 감정이 바로 자녀의 감정 교과서인 셈이에요!**

그림책 <엄마가 화났다>는 일상에서 겪는 갈등과 화해에 대해 보여줘요. 부모의 감정을 이해하는 데 도움을 주죠. 엄마의 화에 대해 아동심리 전문가들은 참아야 한다고 말합니다. 『아이 심리 백과』에서는 화를 잘 내는 부모 밑에서 자란 아이의 특성을 이렇게 설명했어요. '늘 남의 눈치를 살피는 경향이 있고, 항상 위축되고 긴장되어 있다. 주도성이나 창의성이 부족하며 공격적이고 사소한 일에도 화를 잘 낸다.'라고요. 학급에서 이런 친구들을 자주 만나게 되곤 합니다. 부모가 아이에게 내는 화는 자칫 존재의 뿌리를 뒤흔드는 위협이 될 수도 있기에 신중한 감정 조절이 필요합니다.

부모가 감정을 건강하게 표현하고 관리하는 모습을 보이면, 자녀는 감정을 솔직하게 표현하는 법을 배워요. "부모도 감정을 느끼는 사람이구나!"를 깨닫는 순간, 아이들은 숨김없이 감정을 표현하게 됩니다. 부모의 감정은 아이와의 관계에서 연료와 같아요. 긍정적인 감정은 따뜻하고 부드러운 불씨가 되어 관계를 더욱 깊고 따뜻하게 만들어줍니다. 반대로 부정적인 감정은 폭발하기 직전의 연료처럼 언제 터질지 모르는 위험 요소가 될 수 있어요. 적절하게 관리하지 않으면 어느 순간 펑! 하고 터져서 모두를 놀라게 할 수 있어요.

분노 조절이 어려운 한 남학생이 제게 털어놓았어요. "선생님! 저도 잘하고 싶은데 그게 잘 안돼요. 자꾸 화가 나고 아버지가 하라는 대로만 해야 하니까 듣기 싫어요!"라고 말한 뒤 눈물을 글썽입니다. 아버지의 강압적인 태도와 엄포로 주눅이 들고, 하고 싶은 말도 제대로 못 하는 모습이 안타까웠어요. 담임선생님과 연계해서 아버지와의 상담을 꾸준히 이어가기로 했어요. 그러나 직설적이고 화가 많은 아버지의 태도는 좋아질 기미가 보이지 않았죠. 그러던 중에 예상치 못한 사건이 아버지를 완전히 변화시켰어요. 바로 아이의 건강 문제였어요. 사랑하는 아이의 건강에 적신호가 들어오자 아버지는 말투부터 달라졌어요. 그러자 아이도 아버지의 마음을 헤아리는 것처럼 조금씩 차분해졌고 마음의 안정을 되찾았어요.

아버지가 사랑과 존중의 감정으로 아이를 대하자, 건강한 자아존중감과 행복감을 느끼게 되었어요. 아이의 표정, 말투부터 달라졌어요. 지금까지는, 아버지가 자신도 모르게 스트레스나 분노를 표출하고 부정적 에너지를 전달해서 아이도 그 감정의 불씨를 가지고 살아왔던 거예요. 아이는 원래 분노 조절 장애가 있었던 게 아니라, 양육 환경에 의해 화를 참아오다 보니 그런 거였어요. 항상 무서운 아버지에 대한 불만이 몸에 습관처럼 밴 거죠. 그러니 감정 관리가 중요한 건 단지 아이를 위한 것만은 아니에요. 부모 스스로 건강한 감정을 유지해야 아이에게도 긍정적인 영향을 줄 수 있다는 것을 깨달았어요. 아이들은 순수해서 얼굴에 그 모든 감정을 솔직하게 드러내 보여주거든요.

아이들에게 물었어요. "오늘 너를 위해 가장 잘한 일이 뭐였어?"를 서로 이야기하며 자기 돌봄의 가치를 배우게 했어요. 자신의 감정을 소중히 여길 줄 알아야 남을 위한 배려의 마음도 생겨나기 때문이죠. 감정을 잘 표현한 날에는 "네 기분을 솔직하게 말해줘서 고마워."라고 칭찬하며 감정 표현에 대해 긍정적으로 인정해 주었어요. 다음엔 더 자신 있고 편안한 마음으로 내면의 감정을 꺼내놓을 수 있도록 말이에요. 이처럼 그림책은 단순한 읽을거리를 넘어 아이들의 감정을 이해하고 표현하도록 돕는 강력한 도구가 됩니다. 일상에서 작은 실천을 통해 아이들이 자신의 감정을 소중히 여기고, 용기와 위로를 얻을 수 있도록 함께 노력해 나가고 있어요. 가족의 따뜻한 지지와 공감이 더해질 때, 아이들은 한층 더 건강하고 행복하게 성장할 수 있답니다. 아이들은 자신을 인정해 주는 가족의 품 안에서 최초의 자신감을 얻는다는 것을 잊지 말아야겠죠!

이렇게 실천해 보아요

1. 자신의 감정을 먼저 인식하고, 부정적인 감정을 느낄 때는 깊게 호흡하거나 잠시 시간을 가지며 감정을 다스려요.
2. 아이에게 감정을 숨기기보다 "엄마(아빠)도 힘들 때가 있어, 하지만 괜찮아지고 있어."처럼 솔직하게 이야기하며 감정을 건강하게 표현해 주어요.

3. 짜증이나 부정적인 말을 피하고, "고마워.", "괜찮아.", "잘했어."와 같은 따뜻하고 긍정적인 언어를 자주 사용해요.
4. 부모 스스로 스트레스를 해소할 수 있는 취미나 휴식 시간을 마련해 정서적 안정감을 유지해요.
5. 갈등 상황에서 감정을 차분하게 조절하는 모습을 보이며, 아이가 감정을 다루는 방법을 자연스럽게 배우도록 도와요.

4.

가족 관계,
그림책으로 다시 쓰다

가족 이야기는 고정된 것이 아니라, 언제든 다시 써 내려갈 수 있습니다.
그림책을 통해 서로의 마음을 들여다보고,
더 따뜻하고 단단한 관계로 나아가는 길을 찾아봅니다.

1

할아버지가 그랬어!

"할아버지가 그랬어!"

우리 아이들은 할아버지를 무척 좋아하고 편안해합니다. 대가족 구조 속에서 어린 시절 조부모와 함께 생활하며 자랐던 경험이 자연스럽게 이어진 것이죠. 그러나 직장과 교육 환경을 위해 독립하면서 핵가족의 대열에 들어서게 되었죠. 지금 돌이켜보면, 조부모님의 사랑을 듬뿍 받고 자란 덕분에 웃어른에 대한 존경심과 감사의 마음이 가득하답니다. 예의범절 또한 잘 갖추어져 있어요. 조부모님의 사랑은 아이들의 정서적 환경에도 매우 좋은 영향을 주었어요.

성 역할 고정관념에서 벗어나게 하는 <할아버지가 그랬어!>를 통해 아이들의 마음을 들여다볼 수 있었답니다. 같은 시대, 같은 공간에 있어도 어른과 아이가 서로 이해하지 못하는 일들이 종종 발생합니다. 각자의 경험과 가치관이 달라서 생각하고 행동하는 방식이 다를 수밖에 없죠. 가족 내에서 이러한 차이는 흔히 일어나는 일이랍니다.

책에 등장하는 아이와 할아버지도 비슷한 경험을 하게 되는데요. 어느 날, 아이는 따로 떨어져 살던 할머니, 할아버지와 함께 지내게 됩니다. 날마다 간식을 만들어주고 살뜰히 챙겨주는 할머니와 보내는 시간이 좋다고 합니다. 하지만 할머니가 무릎 수술을 위해 병원에 입원하게 돼요. 엄마, 아빠가 출근한 집에서 할아버지와 단둘이 보내게 됩니다. 할머니가 집에 같이 있을 때와는 달리 할아버지와 단둘이 지내자니 심심하기 짝이 없어요. 할아버지는 애니메이션을 틀 줄도 모르고, 아이가 원하는 걸 잘 들어주지 않아요. 머리를 묶어달라고 해도 엄마가 집에 돌아오거든 해달라 해요. 계란찜을 만들어달라고 해도 그건 할머니가 할 일이라고 시큰둥하게 답할 뿐이죠. 엄마, 할머니, 아빠가 할 수 있는 일을 할아버지는 할 수 없다고 말해요.

점차 시간이 흐르면서 할아버지가 달라지기 시작해요. 아이와 할아버지의 관계도 더욱 친밀해져 가죠. 아이들도 이 이야기에 깊이 공감하며 집중합니다. 가족 세대 차이와 성 역할에 대해 많은 이야기를 나눌 수 있는 시간이었어요. 아이들은 가족 간의 관계를 통해 긍정적인 에너지를 만들어 냅니다. 그것이 가족 사랑이라면 큰 에너지를 얻게 되죠. 무거운 침묵 속에 코믹한 방귀 소리는 할아버지의 변화를 알리는 축포처럼 느껴졌어요. 할아버지가 손녀를 위해 노력하는 장면을 아이들은 유심히 보고 있었어요. 할아버지가 처음 해보는 새로운 일에 도전하는 긴장과 용기를 자연스럽게 이해했어요.

"할아버지가 그랬어! 음. 좋아! 완벽해!"

신문을 보며 조용히 시간을 보내던 할아버지는 손녀와 공감하는 시간이 재미있다는 것을 깨닫게 됩니다. 단지 손녀에게 다가가는 것이 낯설 뿐이었어요. 퇴원하고 돌아온 할머니를 위해 곰국을 끓이는 할아버지의 모습은 손녀가 할아버지에게 준 선물과도 같았죠. 하나씩 발을 내디딜 수 있는 용기, 응원이 더해져 잘할 수 있었을 거예요. 이처럼 남자와 여자의 역할이 따로 정해져 있는 게 아니라는 점을 유쾌하게 보여주는 그림책입니다.

마치 우리 생활 속에서 일어난 일을 그리고 있는 듯해서 아이들은 더욱 신이 납니다. 자연스럽게 성 역할 고정관념에서 벗어나게 되죠. 요리를 잘하는 남자도 많다며 유명한 남자 셰프들의 이름을 들려주었어요. 모두 그렇다며 맞장구를 쳤어요. ==스스로 남자는 이러해야 한다는 편견과 기대에 갇혀 있지 않은지 돌아보게 되었어요. 전통적인 사고방식이 여전히 남아있지만, 미래에는 더 이상 성 역할이 규정되지 않는 세상이 될 거예요. 능력이 되는 사람이 서로 돕고 살아가는 공평한 사회로 나아가야 하기 때문이죠.==

맞벌이 부부가 많아지면서 조부모가 손자, 손녀를 돌보는 가정이 늘어나고 있어요. 실제 이지은 작가가 외할머니 이야기를 쓴 <할머니 엄마>라는 그림책이 있어요. 맞벌이로 늘 바빴던 부모님을 대신해 양육자의 역할을 해주었던 할머니에게 헌정하기 위해 책을 썼다고 해요. 그림책 작가가 된 손녀가 할머니와의 추억을 작품으로 남겼다는 점에서, 할머니는 무척 자랑스러워하셨을 거예요.

　장면마다 주인공 지은이의 마음을 그대로 표현해 주는 말과 행동, 그러한 손녀의 마음을 잘 어루만져주는 할머니가 있어요. 이 그림책은 반드시 지은이와 할머니의 대화를 낭독극으로 발표하는 활동을 해봅니다. 그러면 아이들은 그림책 속 내용에 더 몰입하기 때문이죠. 그리고는 지은이네 저녁 밥상을 종이 스퀴시로 만들어 멋진 저녁 한 끼를 차려보는 활동도 합니다. 이 과정에서 아이들은 가족을 떠올리며 소중한 기억을 나누게 되죠.

　기억에 남는 한 여학생이 있어요. 맞벌이로 바쁜 엄마에게 투정을 부려본 적이 한 번도 없다고 해요. "엄마도 바쁜데, 내가 자꾸 와달라고 하면 엄마 맘이 더 아플 것 같아요. 그래서 그냥 참고 있어요."라는 말을 듣고 목이 메어왔던 날이었어요. 차라리 지은이처럼 아이답게 투정이라도 부릴 수 있었다면 더 낫지 않을까 하는 마음이 들었어요. 엄마 맘을 헤아리는 기특한 모습을 보며 행여 들킬까 봐 조심스럽게 혼자 삼켰답니다. 아이들은 주어진 환경에 누구보다 빠르게 적응해 나가요. 왜냐하면 자신을 스스로 지키면서 보호받기를 간절히 원하기 때문이죠. 따뜻한 보살핌이란 아이들에게는 본능과도 같은 것이에요.

　동물학 이론 중에 '할머니 이론'이 있어요. 양육에서 할머니라는 존재가 있는 건 인간이 유일하다고 해요. 할머니야말로 자식이나 손자 세대에 지혜와 지식을 전달하는 중요한 존재로, 인간이 만물의 영장이 될 수 있게 된 밑거름이라고 설명합니다. 특히 요즘은 바쁜 엄마들을 대신해 손자 손녀를 키워주는 엄마 같은 할머니 즉 할머니 엄마가 많아요. 할머니들이 손자 손녀를 정성껏 사랑으로 키울 수 있는 것은 내 자식의 자식이기 때문일 거예요. 할머니 엄마는 결국 엄마, 그리고 그 엄마를 아우르는 광범위한 모성인 셈이죠. 많은 연구에서 조부모와 함께 자란 아이들이 정서적으로 안정감이 있다고 해요. 조부모의 연륜과 경험이 손자 손녀에게 긍정적이고 안정적인 영향을 주기 때문이죠.

『행복한 가족의 8가지 조건』이라는 책에서 놀라운 설문 결과는 자녀가 있는 응답자 중 55%가 행복한 가족 만들기를 위한 5순위 중 하나로 조부모와 한 시간 거리 내에 사는 것을 꼽았어요. 우리 주변을 돌아보면 의외로 조부모의 보살핌 속에서 자란 친구들이 많이 있어요. 조부모님의 희생과 노고는 너무나 값진 것이죠. 철학자 모 겔은 '아이를 기분 좋게 만들 것이 아니라 좋은 사람이 되게 하라.'라는 말을 했어요. 할아버지와 할머니, 엄마와 아빠, 가족 구성원 누구도 성 역할을 강요받지 않고, 각자의 역할을 유연하게 수행하는 것이 중요해요. 그러면 아이들도 자연스럽게 성별 고정관념을 갖지 않는답니다. 좋은 사람이 되기 위한 기초를 다져가는 거예요.

"가족끼리 현명하게 대화하고, 서로를 지지한다면 행복한 가정으로 진화한다."

기억해야 할 의미 있는 말입니다. 가족의 역할을 재정의하는 것은 가족을 행복한 모습으로 만들어줍니다. 아빠가 주방에서 요리하고, 엄마가 직장에서 바쁘게 일하며, 아이들이 가정의 중요한 의사 결정에 참여하는 시대가 왔어요. 전통적인 가족의 모습에서 벗어나, 서로의 역할을 존중하고 서로를 이해하며 지지하는 새로운 가족의 형태를 만들어가는 재미를 느껴 보는 것은 어떨까요? 가족은 각자의 무대이며, 그 무대에서 우리는 모두 주인공이 될 수 있으니까요!

이렇게 실천해 보아요

1. 아이들이 주말에 조부모와 함께할 수 있는 시간을 자주 마련하고, 서로의 경험을 공유하도록 도와요.
2. 가족 내에서 특정 성별만의 역할을 강요하지 않고, 아이들이 다양한 역할을 경험하도록 기회를 제공해 주어요.
3. 서로가 상황을 이해하고 지지할 수 있도록 정기적으로 가족회의를 열어 의견을 나누어요.
4. 부모가 서로의 역할을 유연하게 수행하는 모습을 보여줌으로써 아이들이 성별에 대한 편견 없이 성장하도록 본보기가 되어주어요.

2

그림책 함께 읽어요

가족 문화 중 가치관은 가족만의 고유한 가치나 삶을 통해 소중히 간직할 공통의 신념입니다. 즉 가족의 가치관이란 가훈과도 같은 것이라 할 수 있죠. 아들들이 자랄 때만 해도 학교에서 가족의 교훈을 써오라고 했었어요. 가족만의 신념과 철학을 담고 있기에 가훈은 중요하게 여겨졌어요. 우리 집의 가훈은 심경(心耕)으로 '마음 밭을 갈고 가꾼다.'라는 뜻이에요. 내면을 풍요롭게 가꿀 때 비로소 삶의 힘이 강해진다고 믿었어요. 어느 날 아들이 가훈을 적어 냈더니 상을 받아왔어요. 선생님이 가훈의 의미가 좋다고 칭찬해 줬다는 거예요. 아들들은 지금도 가훈의 정신을 소홀히 하지 않으면서 살아가고 있어요. 마음을 가꾸는 것이 중요하다는 걸 잘 알기 때문이죠.

아이들이 어릴 때, '미니 우체통'을 마련해 서로 하고 싶었던 말을 글로 솔직하게 써서 담아두도록 했어요. 아이들이 어릴 때라 유용하고 효과적인 방법이었답니다. 특별히 미술 활동 시간에 직접 만든 우체통이라 소중히 여겼어요. 스스럼없이 미니 우체통에 하고 싶은 말을 써서 담아두면 서로의 마음을 헤아릴 수 있었어요. 시간이 없을 때나, 얼굴을 마주하기 민망한 얘기도 자연스럽게 전달할 수 있었죠. 마음을 보여주는 게 부끄러운 일이 아니라는 우리 가족만의 문화가 자리 잡혔어요.

글쓰기 효과도 있어서 표현하고 싶은 것을 글로 쓰는 습관을 갖게 되었어요. 지금까지도 우리 가족은 글을 써서 서로 소통하고 있답니다. 하고 싶은 말과 현재의 문제점이나 고민을 주고받고 있어요. 아마도 글쓰기로 다져진 우리 가족만의 고유한 문화의 일면이라 생각해요. 앞으로 아이들은 의미 있는 가족 문화의 장점을 지켜나가는 것이 필요하리라 여겨집니다. 그러면서 세대 전승의 대표적인 가족의 고유한 문화 덕분에 가족 사랑에 대한 마음이 커질 거예요.

상담 중에 아이들의 말만 들어봐도 가족의 분위기와 가족의 언어 습관, 문화까지도 읽어낼 수 있어요. 아이들은 부모가 하는 말투를 거침없이 따라 하는 경우도 많아요. 어린 자녀들일수록 더 빠르게 배워나가죠. 요즘은 부모와의 대화보다는 텔레비전이나, 인터넷, 핸드폰을 보는 시간이 많아졌어요. 온갖 문화를 접하게 되다 보니 걱정이 앞서게 되었죠. 아이들은 알아들을 수 없는 신조어와 약어를 사용하기도 합니다. 그러다 보니 부모와의 대화는 통할 리가 없어요. 자신들만의 언어를 이해하지 못하면 답답해합니다. 그건 부모 입장도 마찬가지죠.

이런 현실 속에서 아이들과 재미있는 그림책 〈크록텔레 가족〉을 함께 읽었어요. 종일 텔레비전만 보는 크록텔레라는 이름이 등장합니다. 해석하면 '와삭 텔레비전 깨물어 먹기'일 정도로 아침부터 저녁까지, 저녁부터 아침까지 오직 텔레비전만 봅니다. 너무 힘이 들고 짜증이 난 텔레비전은 고래고래 소리를 질러댑니다. "방송이 끝날 때까지 나를 쳐다보는 건 이제 제발 그만 해! 난 정말 지쳤다고." 이렇게 화를 내지만, 가족들은 텔레비전 말에는 아랑곳하지 않고, 그날도 저녁 늦게까지 텔레비전을 봅니다. 마침내 한계에 달한 텔레비전은 웅웅거리더니 기절해 버립니다. 결국, 가족들은 텔레비전을 열흘 동안 바닷가 별장에서 지낼 수 있도록 합니다. 하지만 남아 있는 가족들은 심심하고 지루해서 견딜 수가 없어요. "제발 나 좀 그만 쉬게 해줘."라고 애원하는 텔레비전의 모습이 여간 유쾌하지 않아요.

　텔레비전 없이는 전혀 놀 줄 모르고 마냥 지루해하는 아이들에게 몸을 움직이고 머리를 써서 노는 방법을 생각하게 해주었어요. 세상에는 텔레비전 말고도 재미있는 일이 얼마든지 있다는 텔레비전의 진심 어린 충고를 듣고 가족들은 조금씩 변화하기 시작해요. 형태는 다르지만, 또 다른 즐거움과 행복이 있다는 것을 깨닫게 되었어요. 미디어 의존도를 돌아보고 가족과 함께하는 색다른 즐거움을 되새기게 해주었어요.

　아이들과 상담할 때 혼자 있는 시간에 무엇을 하는지 물어본 적이 있었어요. 아이들은 하나같이 TV를 본다고 말하더군요. 가족 간에 서로 소통하고 대화하는 시간이 없기 때문이죠. 각자의 방에서 핸드폰을 보거나 컴퓨터를 하는 시간이 많으며 아이들도 방에서 나오지 않는다고 합니다. 그러니 무슨 게임을 하는지, 핸드폰으로 무엇을 보고 있는지 통제가 안 되는 경우가 허다하죠.

하루에 텔레비전을 보는 시간이 적어도 2시간이 넘는다는 조사 결과가 있어요. 보급된 지 100년도 안 되는 텔레비전이 어느덧 밥을 먹고 잠을 자는 것과 같은 일상이 되어버렸죠. 특히 아이들의 경우 무방비 상태로 장시간 노출되고 있어, 운동 부족으로 인한 비만이나 폭력적인 언어와 행동 등 부정적인 영향을 받고 있어요. 그래서 가족의 문화를 만들어 그 속에서 재미와 즐거움을 찾도록 도와야 했어요. 가족과 함께 영화 보기나 뮤지컬, 또는 인형극, 연극 관람 등의 문화를 즐길 수 있도록 말이죠. 건강하고 유익한 가족만의 문화를 만드는 것이 중요하다는 시사점을 보여주는 그림책입니다.

이러한 문제점을 해결하기 위해 아이들에게 다양한 생각거리를 줬어요. 가족 모두가 미디어 중독인 크록텔레 가족을 읽고, 자신의 미디어 습관을 되돌아보게 했어요. 앞으로 미디어를 어떻게 사용해야 할지 계획을 세워보도록 했죠. 자신이 만든 계획을 실천하는 방법도 함께 고민했어요. 책 읽기 후에 활동으로는 재활용품으로 타악기를 만들어 음악 놀이 하기와 시간 가는 줄 모르는 제기차기를 했어요. 몸을 써서 재미와 운동의 효과를 올려보았어요. 아이들은 땀을 흘리며 무척 신나고 즐거워했답니다.

가족 문화가 자리 잡으면 자연스럽게 가족들과 보내는 시간이 많아지기 때문에 서서히 TV나 핸드폰을 보는 시간은 줄어들 수밖에 없어요. 한때 학교에서도 '책 읽는 가정 만들기 프로젝트'를 펼치기도 했어요. 가족 모두가 독서하는 사진을 찍어오게 하여 독서하는 문화를 만들어주자는 캠페인이었어요. 부모가 항상 깨어 있는 자세로 앞장서서 독서 문화를 만들면 아이들도 자연스럽게 책과 가까워질 수 있거든요. 우리 가족도 거실에 '책 읽는 가족사진'을 걸어두고, 함께 책 읽는 시간을 소중히 여기고 있어요.

가족 문화 형성을 고민한다면, 요즘 대세인 그림책 읽기를 강력하게 추천합니다. 나이를 불문하고 0세에서 100세까지 읽기가 가능하고 생각할 거리가 많은 것은 단연 그림책이 으뜸입니다. 무엇보다 아이들과 쉽게 가까워지고 공감하는 동안 부모를 알아가고 아이를 깊이 들여다볼 수 있게 되죠. 그림책이야말로 무궁무진한 이야기의 세계로 이끌어주기 때문에 시간 가는 줄 모르고 즐길 수 있는 훌륭한 매체라 할 수 있어요. 아이들과 그림책 읽기의 가족 문화를 만들면 상상의 세계로 들어가 책 읽는 가족 문화가 자리 잡힐 거예요. 책으로 활동하며 놀이를 할 수 있는 방법도 다양하죠. 부모가 가정에서도 충분히 할 수 있는 책 놀이를 함께할 때, 가족의 유대감이 싹틀 거예요. 그림책은 단순한 읽기 활동을 넘어 다양한 놀이와 연계할 수 있어 더욱 유익하답니다.

책 놀이 지도사 과정을 할 때 참가 연령대는 최소 60대 이상인 할머니, 할아버지들이었어요. 어떻게 참여하게 되었냐는 질문에 "예비 손주 손녀들을 위해 결혼한 자녀들이 등록해 줬어요. 아이를 낳으면 그림책을 읽어주면서 책 놀이 해달라는 뜻에서 시작하게 되었죠."라고 답해 주었어요. 어찌나 즐겁게 배우고 열심히 하는지 열정이 넘치셨어요. 저도 미래를 그려 보았죠. 아들들이 결혼하면 언젠가 손주들에게 직접 그림책을 읽어주고 책 놀이 해주어야지 하고 다짐하고 있었어요. 그래서인지 격하게 공감되어 절 로 웃음이 났답니다. 오늘부터 가족과 함께 그림책을 펼쳐보는 건 어떨까 요? 그림책 한 권으로 가족 모두가 울고 웃을 수 있는 행복한 시간이 펼쳐 진답니다. 가족들과 나눌 이야기가 줄기차게 샘솟아 오를 거예요. 그러는 사이 가족 사랑은 더욱 깊어져 가고, 그림책 읽기의 가족 문화가 자리 잡힌 답니다.

┌─ 이렇게 실천해 보아요 ─────────────────────
│ 1. 가족과 자주 대화하고 각자의 감정을 솔직하게 표현하며 경청하는 자세를 갖도
│   록 해요.
│ 2. "미안해.", "고마워.", "사랑해." 같은 말로 서로에게 진심을 전해보아요.
│ 3. 갈등 상황에서도 가벼운 유머와 긍정적인 태도로 분위기를 부드럽게 만들어요.
│ 4. 함께하는 식사, 놀이, 여행 등을 통해 가족 간 유대감을 강화해 나가요.
└──────────────────────────────────

3

싫으나 좋으나 우리 가족

부모는 자녀가 잘되기를 바라는 마음으로 공부 좀 하라고 말하지만, 자녀들은 "잔소리 좀 그만해!"라며 반발합니다. 서로의 진심을 이해하지 못한 채 갈등만 쌓여 가죠. 오랜 기간, 부부 사이가 좋지 않은 가정에서는 형제자매 간의 우애도 좋지 않다는 사실을 알게 되었어요. 반면 부부가 일관된 교육 방식으로 가족의 화목을 위해 노력하는 경우, 자녀 간의 친밀도는 높은 편이었어요. 남자와 여자는 듣는 뇌가 다르다고 합니다. 그러니 부부가 다툴 때도 서로의 차이를 인지하고 받아들이는 마음이 있어야 해요. 그래야 갈등을 줄일 수 있으니까요.

갈등과 시련을 지혜롭게 해결하는 그림책을 통해 아이들은 많은 걸 배웁니다. 사소한 일로 다툰 날, 화를 먼저 낸 친구가 손을 내밀었어요. "화를 내서 미안해. 참지 못하고 막말을 해서 네 마음이 아프다는 걸 알아. 용서해 줄래?" 악수를 청했어요. 화해하고 사과할 줄 아는 아이들은 애초에 감정의 빗장이 없는 것 같아요. 화해의 장에서 상대를 이해하고 진심을 받아줄 줄 알기 때문이에요. 각자의 개성을 인정해 주면서 함께 살아가는 법을 배우게 되죠. 서로 손을 잡더니, 시키지 않았는데도 서로 안아주고 있었어요. 그림책의 효능감을 실감한 날이었답니다.

그림책 속에는 개성이 아주 강한 가족이 등장해요. 이들은 각각 지닌 능력도 대단합니다. 힘이 센 아빠, 무슨 일이든 척척 해결하는 슈퍼우먼 엄마, 무적의 권투 선수인 큰형, 우아하게 춤추는 누나, 그림을 잘 그리는 작은형까지 이들은 말 그대로 '위대한 가족'입니다. 5월의 가정의 달을 맞아 아이들과 함께 즐겨 보는 그림책 <위대한 가족>으로 가족 간의 갈등을 유쾌하게 풀어가며 가족의 소중함을 되새겨보았어요. 각자의 위대함이 너무 커서인지, 서로 너무 달라서인지 함께 지내기 어려워진 가족들은 결국 혼자 살기로 합니다. 하지만 혼자 지내는 시간은 즐겁지도 않고 할 일도 없고 얘기 나눌 사람도 없어 심심할 뿐입니다. 곧 자기가 위대한 건 그걸 인정하고 받아주는 가족이 있기 때문이라는 걸 알아가게 됩니다. 가족은 다시 예전처럼 하나가 되기로 해요. 여전히 저마다의 위대함 때문에 불편하지만 서로의 다름을 인정하고 배려하는 것이야말로 진정한 위대함이라는 걸 깨달았기 때문이죠.

"여러분이 매일 함께 밥을 먹고 잠을 자며 얼굴을 맞대고 살아가는 사람은 누구일까요?" 아이들은 큰 소리로 "가족!"이라고 외칩니다. 늘 함께 붙어 있기에 서로에게 가장 힘이 되어주는 소중한 사람들이죠. "가족 간에 싸움이나 갈등이 발생하면 어떻게 해결하나요?" 각자의 경험을 발표해 주었어요. 아이들이 사춘기를 겪게 되거나 부모의 갱년기처럼 혼자 있고 싶거나 마음대로 하고 싶을 때가 있어요. 어디론가 떠나버리고 싶은 심정이라고 합니다. 이럴 때 가족이 답답하게 느껴지기도 하니까요.

 그림책 속 가족들도 각자 높다란 성을 쌓고 혼자 지내지만 금세 함께하는 즐거움을 그리워하게 됩니다. 이때 심심하고 답답해진 막내가 우렁찬 방귀를 뀌고 가족들은 마치 기다렸다는 듯이 각자의 공간에서 뛰어나와 한 곳에 모여듭니다. 막내의 돌발 행동이 꽁꽁 얼어붙었던 차가운 분위기를 단숨에 녹여버린 것입니다. 이후 가족들은 아무 일도 없었다는 듯이 예전처럼 함께 지내게 됩니다. 가족 간의 갈등은 칼로 물 베기처럼 사소한 일을 계기로 쉽게 해소될 수 있어요. 위대한 가족의 이야기처럼 가족끼리 갈등을 푸는 데는 거창한 이벤트가 필요한 것이 아닙니다. 그저 따뜻한 말 한마디, 진심 어린 행동 하나면 꽁꽁 얼어붙었던 마음도 봄눈 녹듯 사라집니다. 이것이 바로 가족의 위대함 아닐까요? 하지만 마음과 달리 가족이라는 이유로 날카로운 말을 내뱉거나 사소한 다툼으로 서먹해질 때도 있어요. 그럴 때 위대한 가족의 가족들처럼 높은 벽을 허물고 걸어 나와 진심으로 "미안해.", "고마워.", "사랑해."라고 말한다면 갈등을 해결해 나갈 수 있어요.

 책을 읽은 후, 아이들과 가족에게 칭찬의 말을 적어보는 시간을 가졌어요. 집으로 돌아가 가족들에게 직접 읽어줄 것을 약속했답니다. 서로 따뜻한 말을 주고받는 사이 가족 간에 훈훈해진 분위기를 만들어갈 수 있기 때문이죠. 감정을 늘 솔직하게 표현하고 수용해 주는 가정 안에서 아이들도 건강하게 성장할 수 있으니까요. 화해하는 법을 배워가는 거죠.

<위대한 가족>의 작가는 말합니다. "우리 가족은 서로 너무 달라 함께 있기조차 힘들었습니다. 같이 있으면 마음의 벽만 높아졌습니다. 어느덧 마음의 벽은 성이 되어버린 듯했습니다. 하지만 가족 사이에 세워진 마음의 벽은 따뜻한 말 한마디로 단번에 허물어질 수 있다고 생각합니다. 서로를 있는 그대로 바라보고 인정한다면 가족은 함께라서 더 행복하다는 것을 알 수 있습니다."

미국인들이 가장 좋아하고 신뢰하는 가족 전문가인 스콧 할츠만 박사가 24년간의 임상 경험과 연구를 통해 찾아낸 『행복한 가족의 8가지 조건』에서 이런 말을 했어요. "행복을 느끼는 가족들이 그렇지 않은 사람들보다 육체적, 정신적으로 더 건강하고 고난이나 슬픔을 훨씬 더 슬기롭게 극복하고, 가족 각자의 꿈을 더 잘 이룬다는 것을 깨달았다. 그리고 약 10개월간 '행복한 가족 설문'을 통해 가족의 행복을 결정하는 요소들을 찾아냈다. 가족의 가치관 확립과 실천, 헌신과 소통, 아낌없는 지원과 지지, 자녀 교육, 융화, 정정당당한 갈등 해결, 고난 극복, 함께 휴식하기를 제안한다."라고요.

어느 가정이나 크고 작은 갈등과 시련은 있기 마련이에요. 중요한 것은 어떻게 해결해 나가느냐입니다. 경청하며 싸우되 정정당당하게 싸우고 서로를 존중하라는 것입니다. 비난이나 경멸이 아닌 존중하는 태도로 대화해야 합니다. 개인감정에 사로잡혀서는 안 되죠. 가족도 각자의 생각이 다를 수 있으니까요. '가족 회복력'은 갈등으로 인해 위기를 맞은 가족이 최대한 노력을 기울여 원래의 가족애를 되찾기 위해 노력하는 능력이라고 했어요. <위대한 가족>의 가족들도 각자 혼자의 삶을 경험한 후, 함께 살던 시절이 더 즐겁고 행복했다는 것을 깨달았을 거예요. 혼자 가족이라는 울타리를 벗어나서 느끼게 되는 외로움과 고립감보다, 부딪히고 싸우더라도 인정해 주면서 함께하는 삶이 더 가치 있음을 보여주었어요.

부부 갈등이나 형제자매의 다툼은 생겨날 수밖에 없어요. 하지만 이를 슬기롭게 극복해 나갈 때 가족은 더욱 단단해집니다. 흔한 말이지만 비 온 뒤에 땅이 단단해진다는 말처럼 가족 간의 갈등도 잘 해결하면 분명히 큰 자산이 되어줄 거예요. 가족 간의 갈등은 피할 수 없는 자연스러운 현상입니다. 갈등을 어떻게 해결해 나가느냐가 중요하죠. 갈등을 통해 서로를 이해하고, 배려하며, 성장할 수 있는 기회를 가질 수 있어요.

이를 위해서 대화의 힘, 이해와 배려, 유머를 활용해야 하는 거죠. "우리 가족은 서로를 이해하는 법을 배워가는 중이야!"라는 마음가짐으로요. 서로의 마음을 열기 위해서는 적극적인 소통이 필요합니다. 결국, 갈등을 해결하는 과정은 가족의 소중한 이야기와 추억이 되어줄 거예요. 가족은 함께 어려움을 극복하고 서로를 지지하는 공동체니까요. 협력하고 서로를 격려해 주면서 강한 유대감을 형성할 수 있거든요. 갈등이 가득한 순간도 웃음이 넘치는 순간으로 바뀔 수 있어요. 가족이란 서로의 마음을 알아가는 소중한 여정이라는 사실을 잊지 마세요!

이렇게 실천해 보아요

1. 집에 미니 우체통, 편지함을 두어 서로의 마음을 글로 표현하도록 유도해요.
2. 가족과 함께하는 시간을 늘리고, 미디어 사용 시간을 정해놓고, 과도한 의존을 줄이도록 해요.
3. 가족이 함께 그림책을 읽고, 이야기를 나누며 감정을 공유하는 시간을 갖도록 해요.
4. 그림책과 연계한 재활용품 만들기, 전통놀이 등 다양한 활동으로 가족 문화를 만들어가요.

4

말이 눈에 보인다면

"사랑해요! 아주 많이!"

어릴 때부터 자연스럽게 표현해 온 이 말은 아들들이 성인이 된 지금도 곧잘 표현해 주고 있어요. 살아갈 힘을 얻게 되는 강력한 마법의 말이죠. 사랑을 표현할 때 가장 중요한 언어적 표현은 애정 어린 말입니다. "사랑해!"라는 직접적인 표현은 흔하게 느껴질 수 있지만, 여전히 듣는 사람에게 큰 울림을 줍니다. 또한 감사와 칭찬을 포함한 긍정적인 언어는 사랑을 전하는 효과적인 방법이지요. 말 한마디로 살아갈 용기와 힘을 얻을 수 있으니까요.

아이들을 만나다 보면 유난히 말을 예쁘게 하는 친구들이 있어요. "선생님, 사랑해요!", "친구야, 고마워!"라고 자주 표현해 주는 친구들인데요. 아마도 가정 안에서 사랑을 듬뿍 받고 자란 친구들이겠지요. 이런 감정은 자연스럽게 대물림될 수 있어요. 부모가 하는 말을 자녀들은 그대로 배우고 익히니까요. 그래서 아이가 말을 배우기 시작할 무렵, 부모들은 언어 사용에 각별하게 신경을 쓰곤 합니다. 의외로 한국의 부모들은 자녀에게 "사랑한다."라는 표현에 인색해요. 가족 안의 분위기 영향도 있지만 부모 세대에서는 그런 말을 흔히 듣고 자라지 못한 탓이 크기 때문이죠. 자녀에게 표현하는 것을 쑥스러워하는 부모들을 자주 볼 수 있어요. 자녀들에게는 그나마 연습해서 표현을 많이 하더라도 부모님께는 못하는 경우도 많아요. 하지만 가족 간의 사랑 표현은 소통의 시작이에요. "부모님이나 아이들에게 사랑한다는 말을 마지막으로 언제 하셨나요?"

<우리 아빠는 사랑한다는 말을 안 해요!> 그림책은 아빠의 사랑을 의심하며, 자꾸만 아빠의 마음을 확인하고 싶어 하는 아이, 시몽의 이야기입니다. 친구 마리우스의 아빠가 아무렇지도 않게 "사랑해!"라는 말을 하는 모습을 본 이후부터 시몽은 아빠에게 사랑한다는 말을 듣기 위해 여러 가지를 시도해요.

'아빠가 사랑한다는 말을 안 하는 건 나를 사랑하지 않아서일까?' 아빠는 시몽을 품에 꼭 안아주거나, 머리를 쓰다듬어주지만, 사랑한다는 말은 하지 않습니다. 그러다 친구 마리우스가 집에 놀러 온 날, 시몽은 자연스럽게 깨닫게 됩니다. 자신을 향한 아빠의 시선, 손길, 눈빛 모든 게 다 아빠의 사랑을 담고 있다는 사실을요. 친구 마리우스도 말해 줍니다. "너의 아빠는 너를 아주 많이 사랑하고 있구나!"

아이들도 벌써 눈치를 채고 있었어요. 시몽은 아빠의 사랑을 듬뿍 받고 있다는 것을요. 책을 읽고 난 후, 아이들은 "우리 아빠도 사랑한다고 말을 해주면 좋겠어요."라고 말합니다. 책 제목처럼 아이들의 속마음이 드러나는 순간이었죠. 가족 사이에서는 더욱 그렇다고 하는데요. "사랑해!"라고 말로 표현해 주면 더할 나위 없이 좋겠지만 다른 방법으로도 사랑을 충분히 전할 수 있어요. 하루 중 단 몇 분이라도 아이와 눈을 지그시 마주 보며 미소를 지어주는 것, "잘하고 있구나."라는 말을 건네는 것, 토닥이고 안아주는 것, 이 모든 것이 사랑 표현의 또 다른 이름이니까요.

<우리 아빠는 사랑한다는 말을 안 해요!> 이야기를 나누며, 부모는 말은 하지 않아도 여전히 너희들을 사랑하고 있다는 사실을 전해주었어요. 사랑 표현에 서툴거나 어려움을 느끼는 부모들에게 작은 숙제를 드립니다. '아이에게 용기를 내서 해줄 수 있는 어떤 사랑 표현이라도 해주세요.'라고요. 받아본 경험이 있어야 표현도 잘할 수 있기 때문이죠. 아이들은 본능적으로 부모의 사랑을 끊임없이 확인하고 싶어 합니다. 사랑을 많이 주고 있다고 생각해도 아이들은 자주 묻습니다. "엄마, 아빠는 저를 얼마나 사랑해요?"라고. 이럴 때 어떤 말로 아이의 마음을 다독이나요?

특히 생후 6개월부터 24개월까지의 시기는 아이와 부모가 애착을 형성하는 가장 중요한 때입니다. 이 시기의 아이들은 자주 보채고, 부모에게 더 집착합니다. 아이가 정신적, 신체적으로 급성장하며 부모를 더 힘들게 하는 이 시기를 '원더 윅스(wonder weeks)'라고 해요. 이 시기를 극복하는 좋은 방법은 아이를 더 많이 안아주고, 관심과 애정을 쏟아주는 것입니다. 하지만 이 시기가 지나더라도 아이들은 부모님의 사랑을 끊임없이 확인받고 싶어 합니다. 직접적으로 표현하지 못하는 사랑의 말이 얼마나 큰 힘이 되

어주는지 우리는 미처 깨닫지 못할 때가 많아요. 이 그림책은 반드시 부모님과 함께 읽기를 추천합니다. 부모의 변함없는 사랑을 확인하고 싶은 아이들에게 선물 같은 책이 되어주기 때문이지요.

말의 모양이나 색깔이 눈에 보인다면, 우리에게 더욱 신중하게 언어를 선택하게 하도록 만드는 그림책이 있어요. 바로 오나리 유코가 쓴 <말의 형태>인데요. 이 책을 처음 보았을 때 말을 눈에 보이듯 그려낸 것을 보고 충격을 받았어요. 어른인 제가 이 정도라면 아이들은 어떻게 받아들일지 무척 궁금해졌어요. 아름다운 마음이 담긴 말이 예쁜 꽃으로 보일 수도 있고, 누군가에게 상처 주는 말은 날카로운 못처럼 보일 수도 있어요. 사랑과 존중의 언어를 써야 하는 이유를 강렬한 그림과 함께 전달해 주고 있답니다.

상담을 마치고 지쳐 있던 어느 날 동료 선생님이 "현희 선생님! 너무 완벽하게 하려고 애쓰지 마세요. 우리는 불완전한 존재들이고 이 세상에 완벽한 것은 없어요. 지금도 충분히 노력하고 있고, 아이들은 선생님의 진심을 알고 있을 거예요."라고 말해 주었어요. 그 말을 듣는 순간, 갑자기 어깨의 힘이 풀리면서 마음에 여유가 생겼어요. 과연 잘하고 있는지 헷갈릴 때, 지켜보고 있던 동료의 말은 저를 객관적으로 돌아보게 해주었지요. 이 한마디가 그날의 피로와 불안을 씻어주었답니다.

아이들 역시 아무런 의미 없이 습관적으로 사용하는 말들이 있어요. 때로는 나쁜 말을 무의식적으로 반복하고 있다는 걸 발견했어요. 아이들에게 물었답니다. "말이 형태를 가져 눈에 보인다면 우리는 어떻게 말을 해야 할까요?" 더 신중하게 선택해야 한다는 것을 깊이 깨달았죠. 가족 안에서도 마찬가지로 무심코 내뱉는 말이 누군가에게 상처를 줄 수 있어요. 가까운 가족 사이일수록 더 조심해야 하는데 말이죠. 사랑과 존중의 언어는 생활 속에서 실천해 나가야 해요. 그림책 속 이야기들은 이러한 소통을 통해 친구도, 가족도 서로를 더 사랑하고 존중하는 방법을 가르쳐주었어요. 갈등이 생겼을 때, 우리가 사랑과 존중의 언어를 사용할 수 있다면 문제는 훨씬 쉽게 해결될 수 있겠죠?

사랑과 존중의 언어는 마법 같은 힘을 지니고 있어요. 단순한 대화를 넘어 서로를 이해하고 소중히 여기는 마음을 키울 수 있도록 도와주어요. 다음번에 가족과 대화할 때, 사랑과 존중의 언어를 마음껏 사용해 보면 어떨까요? 처음에는 어색할 수도 있지만, 자주 하다 보면 자연스러워진 순간이 오게 될 테니까요. 사랑도 연습이 필요하듯이 사랑과 존중의 언어도 연습이 필요하겠죠.

┌─ 이렇게 실천해 보아요 ─

1. 가족에게 하루 한 번 "사랑해.", "고마워.", "잘하고 있어."와 같은 긍정적인 말을 표현해요.
2. 아이와 눈을 맞추고 미소 짓기, 안아주기, 머리 쓰다듬기 등 사랑을 몸으로도 표현해요.
3. 하루 5분이라도 가족과 진솔한 대화를 나누며 서로의 감정을 확인하고 공감해요.
4. 부모님과 아이들에게 사랑의 언어를 용기 내어 자주 말하고, 작은 칭찬이나 격려를 습관화해요.

5
관계의 비밀

"사람들의 어떤 행동에서 불편함이나 무례함을 느끼나요? 관계에서 무엇을 우선순위로 두고 있나요?"

자신의 경계를 이해하는 것은 경계를 효과적으로 주장하기 위한 첫 단계입니다. 많은 사람이 심리적 자기 경계가 취약한 이유는 유년기에 견고한 자기개념을 형성하지 못했기 때문이에요. 사람들에게 실망을 주거나 이기적으로 보일까 봐 경계를 세우는 게 어렵게 느껴지기도 합니다. 그러나 필요할 때 거절하는 것은 자존감과 자기 배려의 중요한 한 형태예요. 정서적으로 자녀를 침범하는 부모, 아이의 생각이나 의견을 존중하지 않는 부모가 자녀의 심리적 경계를 거듭 무너뜨리게 됩니다. 그렇다면 부모는 어떻게 경계를 존중해 줄 수 있을까요?

누군가 반복적으로 자신의 경계를 침범한다면, 자신을 보호하기 위해 강제적으로라도 경계를 세울 필요가 있어요. '착한 아이 사탕이'처럼 자라는 대부분의 아이들은 자신의 경계를 세우지 못한 채 어른으로 성장합니다. 그리고 삶에서 거절이나 거부하는 용기를 갖지 못하고 심리적 불편함을 떠안은 채 살아가게 돼요. 저 역시 남의 부탁이나 권유를 거절하지 못한 채 곰씨의 의자에 앉아 전전긍긍하며 살았던 날이 많았어요. 상대방을 먼저 생각해 주다 보니 '내가 도와주지 않으면 어떻게 하지?'라는 걱정에 사로잡혔던 것이죠. 하지만 심리 치유를 공부하고 난 후, 명확하게 경계를 세우는 것이 중요하다는 것을 깨닫게 되었어요. 그걸 알고 난 후에는 필요한 순간에 거절하는 게 오히려 마음을 편하게 만든다는 것을 경험하게 되었어요.

학교에 경계 존중 프로그램으로 집단 상담을 나갔을 때의 일이에요. 1, 2학년 학생을 대상으로 반 친구들, 담임선생님의 경계를 존중해 주기 위해서였죠. 그림책을 통해 배우고 직접 실천하는 활동을 진행했어요. 아이들은 빠르게 받아들였고 학교와 가정에서도 배운 대로 실천하고 있다며 발표해 주었죠. 그 결과 반 친구들 간의 몸싸움이나 함부로 만지거나 때리는 행동이 확연히 줄어들었답니다. 담임선생님께도 무턱대고 안기거나 접촉을 원하던 아이들의 태도가 바뀌었어요. 그림책 <좋아서 껴안았는데, 왜?>와 <똑똑똑 선물 배달 왔어요>로 이야기 나누며 정서적 자기 경계가 왜 중요한지 알게 되었어요. 아이들은 학교, 가정에서 신체 접촉은 동의를 얻어야 할 수 있다는 걸 알고 무례한 행동에 대해 반성했어요.

아이들은 좋아하는 사람에게는 무엇이든 해주고 무엇이든 주고 싶어 하는 경향이 있어요. 이때 적절한 자기 조절이 갖추어져 있지 않으면 어려움이 생길 수 있어요. <적당한 거리> 그림책은 이러한 관계에서 중요한 가르침을 주었어요. 그래서 저의 인생 그림책이 되었답니다. 제가 경계를 지키며 잘 살아오지 못한 까닭일 수도 있고 또 하나의 소중한 경험 때문이었어요. 저는 누구보다 화초를 좋아하는 식물광이에요. 가는 곳마다 화초만 보이고 예쁜 화분에 싱그러운 화초가 담겨 있는 모습을 보면 기분이 절로 좋아졌어요. 돌이켜보면 원예로 심리 치유하고 있었던 것 같아요. 저를 이끄는 곳에는 늘 식물이 함께했으니까요. 그러나 문제는 식물을 잘 키우지 못하는 데 있었죠. 좋아하는 것과 잘하는 것 사이에는 큰 차이가 있었어요. 매일 외부 강의를 다녀야 하는 일정 속에 식물을 관리하는 일이란 말처럼 쉽지 않았기 때문이죠. 데려오는 족족 식물들의 장례식을 치러야 하는 상황에 마주하니 마음은 안 좋다 못해 죄책감에 사로잡히기 시작했어요. 어떤 날은 물을 주지 않다가 또 어떤 날은 너무 많이 줬어요. 그간 못 해준 보상이라도 해주듯이요. 햇볕이 필요한 식물을 실내에 그냥 둔 적도 있었으니까요. 식물과의 적당한 거리를 지켜주지 못하니 화초들이 제 곁을 떠나버렸어요. 싱그럽게 잘 자라는 비결은 바로 '적당함'이었는데 말이죠. 한 발자국 물러서서 적당한 거리를 유지하고, 돌볼 때와 내버려둘 때를 알아가는 것이 건강한 관계의 핵심이었어요.

　이 경험은 아이들을 키우면서도 많은 깨달음을 주었어요. 사춘기가 오면 부모와 아이 사이에도 적절한 거리 조절이 필요해요. 식물을 잘 키우지 못하고 실패했던 저에게 식물 키우기 지침서처럼 다가왔고 인간관계가 힘들 때도 가르침을 전해준 귀한 그림책이랍니다. 사람과 사람 사이에도 거리 조절이 필요하다는 것을 절감했던 순간이었어요. 누군가에게 너무 다가갔

다가 상처를 입기도 하고 거리를 두면 서운함을 느끼는 순간도 있었어요. 결국 건강한 관계를 위해서 서로를 방해하지 않는 적당한 거리를 유지해야 한다는 것을 배웠어요.

경계를 강화하는 것은 정서적 안정을 유지하는 데 필수라고 할 수 있죠. 아니라고 확실하게 말해야 할 때는 단호하게 거절할 필요가 있어요. 서로의 거리를 존중해 주면서 필요할 때 도움을 요청하는 것이 중요해요. 주변의 사람들과 경계를 설정하고 요청하는 방법을 배워나가야 해요. 그림책을 읽고 난 후, 저는 에너지를 고갈시키거나 스트레스를 유발하는 활동이나 약속은 단호히 거절하게 되었어요. 대신 기쁨과 성취감을 주는 활동에 더욱 집중하게 되었죠.

가정 안에서도 심리적 자기 경계를 확립하는 것이 중요해요. 아이들이 결정하고 선택하는 경험을 쌓는 것이 견고한 정서적 경계를 형성하는 데 도움이 되죠. 관계 맺기 기술 중 하나로 상대방이 가하는 자극에 항상 '멈춰서 생각하기'라는 개념이 있어요. 이는 타인의 감정적 자극에 즉각적으로 반응하지 말라는 뜻인데요. 그러나 가족 구성원들에게도 '감정적으로 반응하지 않기'가 어려워요. 가족의 경우 정서적 자기 경계를 지키기가 그만큼 어렵다는 뜻인데요. 가족이라는 이유로 쉽게 표현하는 감정, 평가, 판단, 심지어 농담마저도 격한 정서적 반응을 일으킬 수 있기 때문이에요. 그러니 자신만의 경계를 설정한 후에야 관계에서의 불편함을 줄일 수 있답니다.

아이들과 외쳐보았답니다. "적당한 거리는 나 자신을 지키고 상대를 배려할 수 있는 최소한의 거리"라고요. 멋진 말이라고 환호성을 지릅니다. 정서적 자기 경계를 통해 자신을 소중히 여기는 법을 그림책을 통해 배워나갔어요. 그러면서 아이들에게 다시 한번 "바람직한 관계란 무엇일까요?"라고 질문합니다. "거절할 때는 아니라고 확실하게 말하고 싶어요. 그럴 때라야 서로 불편하지 않을 것 같아요."라고 시원하게 대답해 주었어요. 이렇듯 그림책은 관계의 밑거름이 되어주는 것이죠. 친구들의 목소리가 저에게도 일침을 주는 것 같아 웃음이 났어요.

경계 존중 수업 후, 아이들과 나누는 기본적인 연습이 있답니다. 거절하는 대답인데요, "아니요! 싫어요!"라고 확실하게 말하는 거예요. 목청을 높여 따라 하는 이 과정은 아이들 스스로가 경계를 지키고 다른 친구들의 경계를 존중하는 태도를 기르도록 도와주기 때문이죠. 결국 이러한 연습을 통해 아이들은 더 건강한 관계를 맺을 수 있게 되었어요. 나와 타인을 소중히 여길 줄 아는 삶의 태도를 배워나가는 것이죠. 수업을 마치며 적절하게 거절하는 법을 연습해 보자고 약속합니다. 이것이야말로 건강한 관계의 비밀이자 열쇠이니까요!

이렇게 실천해 보아요

1. 필요할 때는 "아니요!"라고 분명하게 말하는 연습을 하고, 자신의 감정을 인식하고 표현하는 습관을 길러요.
2. 타인과의 관계에서 지나치게 개입하거나 의존하지 않고, 서로를 배려하는 적당한 거리를 유지해요.
---

3. 감정적으로 즉각 반응하기보다는 '멈춰서 생각하기'를 실천하며 감정 일기 쓰기와 마음 챙김을 꾸준히 실천해요.
4. 가정에서 아이들이 "아니요!"라는 의사를 표현하도록 하고, 거절할 수 있도록 돕고, 서로의 경계를 존중하도록 지지해 주어요.

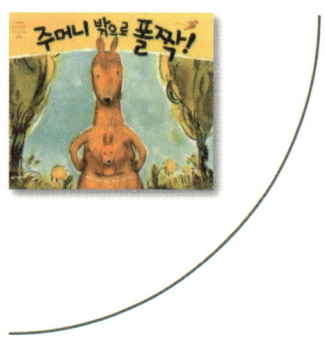

6

작은 가슴이 외치는 소리

"엄마가 다 알아서 해줘요. 저는 시키는 대로만 하면 돼요.", "잘 모르겠어요. 엄마에게 물어볼게요."

가정에서 중요한 것을 선택할 때 어떻게 하느냐는 질문에 아이들이 답하는 말입니다. 스스로 생각해서 하는 대답을 찾아보기가 어려워 참으로 난감했어요. 일거수일투족을 부모가 모두 결정해 주나 싶은 마음에 걱정이 앞섰어요. 그렇다면 부모와 자녀 사이의 바람직한 상호 의존성이란 무엇일까요? 아이들의 독립성을 키워주기 위해서 어떻게 해야 할까요? 많은 생각을 해보게 됩니다.

많은 가정에서 부모가 자녀의 모든 걸 결정해 주는 모습을 볼 수 있었어요. 부모가 계획한 일정대로 움직이느라 아이들은 쉴 틈조차 없이 바쁜 하루를 보내요. 아이들은 자기 주도적인 삶을 살 기회가 부족한 탓에, 독립적으로 선택하고 결정하는 게 어렵게 느껴져요. 진정한 주인공으로 살아갈 준비를 하지 못하는 거예요. 말로 표현하지 않아도 부모의 불안이 전달되어 아이들을 병들게 하고 있어요. 엄마가 불안하면 아이는 그것을 느끼고 더 두려워하게 되는 거죠.

아이들에게 개인적인 질문을 던져도 심지어 부모에게 물어보겠다고 해요. 이는 주체성이 부족하다는 신호죠. 어떤 일이 생겼을 때마다 매번 엄마에게 물어보겠다며 불안해합니다. 자신에게 주어진 질문 하나도 스스로 생각하지 못한다면 부모의 품을 떠나 살아야 할 텐데 어떻게 될까요? 고민을 깊게 했던 적이 있어요.

'마마보이'라는 말이 유행했던 때가 있었어요. 물론 지금도 종종 들을 수 있는 말이기도 하지요. '마마보이'는 어머니에게 강한 애착이나 집착을 갖고 독립적인 사고와 판단을 하지 못한 채 어머니의 의사에 따라 행동하는 것을 말해요. 이런 원인은 부모의 양육 태도에서 비롯되는 경우가 많은데요. 특히 아버지의 부재나 무관심, 어머니의 과잉보호 등이 주요 원인이에요. 부모가 어린 시절, 충족받지 못한 애정을 자녀를 통해 채우려 하면서 강한 복종과 통제를 요구하는 경향이 나타난다고 해요.

우선 이런 환경에서 자란 아이는 어머니에 대한 의존도가 굉장히 높고 어머니 역시 아이에 대한 의존도가 높은 편입니다. 의존성은 선천적으로 갖고 태어날 수도 있지만 보통 어렸을 때부터 품 안에 끼고 과도한 보호를 했기 때문에 생겨날 수도 있어요. 마마보이는 엄마와 아들의 공생 관계로 서로가 심하게 의존하는 비독립적인 관계를 의미해요. 즉, 독립적인 판단을 내리기가 어렵게 되죠. 아이들에게 상호 의존의 균형을 맞추기 위해 우리는 그림책으로 깊은 이야기를 나누었답니다.

그림책 <주머니 밖으로 폴짝!>은 아이가 언제든 바깥세상으로 자유롭게 나갈 수 있도록 힘을 실어줍니다. 두려움에 휩싸여 다시 돌아와도 따뜻하게 안아주며 다시 나갈 용기를 북돋워 주어요. '독립성과 상호 의존성'은 각각의 매력이 있지만, 두 가지가 조화를 이루어야 빛난다는 사실! 아이들이 스스로 힘을 기르고, 동시에 어떻게 의지할 것인지, 방법에 대해 함께 이야기 나누었어요.

"그림책을 통해 무엇을 느꼈나요?" 아이들은 이런 대답을 해주었어요. "자유롭게 나갔다 돌아오는 캥거루가 부러웠어요."라고요. 부모와 자녀 간의 강한 유대감이 필요하다는 걸 대변해 주었어요. 이러한 관계는 자녀의 사회적 발달을 돕고 문제 행동을 줄여줍니다. 이러한 긍정적인 상호 의존성을 위해 자녀의 독립성을 키워주는 것이 우선되어야 할 중요한 과제라 할 수 있죠.

가족 내에서 독립성을 키우기 위해 '자기 결정권'을 주어야 한다는 것을 알려줘요. 아이들 스스로 작은 결정이라도 내리게 하는 것이 중요한데요. 아침 식사 때 무얼 먹고 싶은지, 주말에 어떤 활동을 하고 싶은지 선택하게 하는 거죠. 아이들이 선택한 후에 내린 결정과 그 결과가 직접 연결되어 있음을 깨닫게 해줍니다. 이러한 경험을 통해 자기 주도적으로 생각하고 행동하는 능력을 키워나가도록 도와주었어요.

부모의 중요한 역할 중 하나는 자녀를 건강하게 독립시키는 것입니다. 아이가 스스로 주도성을 갖고 세상 밖으로 나가도록 돕는 것이죠. 가정 안에서 부모가 아이의 독립성을 기르려면 자기 결정권을 존중하고, 집안일이나 자신의 물건을 관리하는 책임을 맡겨야 해요. 아이가 직면한 문제를 스스로 해결할 수 있도록 기회를 주고, 부모는 필요할 때만 도움을 주는 것이 중요하죠. 예를 들어, 아침에 스스로 일어날 수 있도록 자명종을 사용하게 하는 것도 좋은 방법이에요. 저는 그림책을 뽑을 때도 아이들의 의사를 존중하고 스스로 고르도록 했어요.

그림책 <주머니 밖으로 폴짝!>은 이러한 아이의 건강한 독립을 상징적으로 보여줘요. "엄마, 밖에 나가고 싶어요!" 아기 캥거루는 성장하고 더 넓은 세상을 둘러보고 싶다고 말해요. 엄마의 허락을 받고는 단숨에 주머니 밖으로 폴짝 나갑니다. 새로운 세상을 향한 호기심이 실패와 두려움을 이겨내게 하는 것이죠. 호기심은 도전 의식을 갖게 한다는 걸 깨달아요. 이처럼 아이가 주체적으로 넓은 세상을 찾아 나가도록 격려해 주는 것이 부모의 역할이죠.

가정은 세상을 알아가고 이해하는 출발선이며, 건강한 자립의 원동력이라 할 수 있어요. 아기 캥거루는 세상 밖을 구경하다가 예상치 못한 난관에 부딪히면 자신의 안식처인 엄마의 배 주머니 속으로 곧장 돌아옵니다. "엄마야, 내 배 주머니!"라고 마치 제 것인 양 외쳐대는 아기 캥거루의 모습에 엄마에 대한 깊은 신뢰가 담겨 있음을 볼 수 있어요. 들락날락 산만하고 정신없이 분주하게 움직이는 아기 캥거루의 행동에도 요지부동하는 것은 엄마 캥거루의 따뜻한 시선과 제자리를 지키는 존재감입니다. 이야말로 부모가 아이에게 안정감을 주는 필수 요소예요. 그래야 마지막 장면에서 보여주는 것처럼 "엄마 캥거루의 배 주머니는 필요 없어요!"라고 당당하게 외칠 수 있게 되죠. 자연스럽게 발달단계를 거쳐 건강한 분화가 이루어진 거예요. 바로 우리의 성장 과정이라 할 수 있죠.

아이들은 아기 캥거루가 하는 행동을 유심히 관찰합니다. 자신을 비추어 보는 거죠. 그리고 생각에 잠깁니다. 이렇게 그림책이 주는 효능감은 아이들에게 든든한 부모의 존재를 확인시키고, 믿고 세상을 향해 용기 있게 나아갈 힘을 길러줍니다. **부모는 언제나 그 자리에서 자식을 응원하고 격려하고 있다는 믿음을 주면 됩니다. 이러한 무언의 지지가 아이의 자립심을 키우고 세상과 당당하게 맞설 수 있도록 힘을 실어주는 것이죠.** 아이들은 자신을 믿고 지지하는 단 한 사람만 있어도 용기를 낼 수 있답니다. 그로 인해 세상 밖으로 나가보겠다는 용기를 보여주는 거예요. 그리고 밖에서 서로 의지할 누군가를 만나 관계를 배워가는 것이죠. 참으로 아름다운 행보라 할 수 있어요.

이렇게 실천해 보아요

1. 아침 식사 메뉴, 주말 활동 등 아이가 선택하도록 하고 그 결과를 경험하게 해요.
2. 자신의 물건 관리, 집안일 등 작은 책임을 맡기고 스스로 해결하도록 격려해요.
3. 아이가 두려움을 느낄 때 따뜻하게 안아주고, 도전을 시도하도록 응원해 주어요.
4. 자명종 사용, 직접 선택하기, 문제 해결 기회 제공 등 스스로 할 수 있는 환경을 마련해 주어요.

7

용서, 미래로 나아가는 징검다리

과거를 바꿀 수는 없으므로, 우리는 어떻게 해서든
과거의 아픈 기억을 해소할 길을 찾아보아야 한다.
용서는, 과거를 받아들이면서도 미래를 향해
움직일 수 있도록, 감옥 문의 열쇠를
우리 손에 쥐여준다. 용서하고 나면,
두려워할 일이 적어진다.

-프레드 러스킨의 『용서』 중에서-

학교에서는 잦은 싸움과 갈등 상황이 늘 발생하기 마련입니다. 심각한 경우에는 학교 폭력으로 붉어지기도 하죠. 이미 학교 폭력을 예방하고 더 이상의 피해자가 발생하지 않도록 해야 한다는 우려의 목소리가 높아지고 있어요. 학교 내에서의 체계적인 용서가 이루어진다면 피해자와 가해자가 모두 상처를 치유하고 화해할 수 있어요. 용서는 학교 폭력이 일어난 직후 최대한 빨리 이루어지는 게 좋다고 해요. 어릴 때부터 가정과 학교에서 체계적으로 배우고 용서를 습관화해야 하는 이유지요.

　수업 시간, 금방이라도 울 것 같은 붉게 상기된 얼굴로 들어서는 여학생과 마주합니다. "선생님! 아침에 친구와 싸워서 화가 났는데, 오후가 되니까 크게 잘못했다는 생각이 들어요. 어떻게 해야 할지 모르겠어요."라고 울먹입니다. 사정을 들어보니 등교 시간, 짝꿍 친구와 말장난하다 심한 말로 상처를 줬던 거예요. 사과하지도 못한 채 교실로 들어왔고 그 친구는 울음이 터져버린 거였어요. 친구가 눈물을 쏟아버리자 어떻게 해야 할 줄 몰라 서성거렸어요. 울고 있는 친구가 걱정되었나 봅니다. 차분하게 솔직한 마음을 전할 방법을 고민해 보았어요. "대화가 어렵다면 진솔한 마음을 담아 편지를 써보는 것도 좋은 방법이야. 얼굴을 마주하면 못 할 말을 글로 쓰면 솔직하게 전달할 수 있거든." 아이는 안도의 한숨을 짓고 조용히 편지를 써 내려가기 시작했어요.

　친구 얼굴을 직면하기 힘들 경우에는 '빈 의자 기법'을 활용해 역할 놀이를 함께했어요. 친구에게 하고 싶었던 말을 솔직하게 전하는 대화를 나누면서 아픔과 상처를 마주하게 되죠. 이러한 과정으로 마음의 큰 짐을 덜어낼 수 있는 길이 생기게 되거든요. 이러한 과정은 용서와 화해의 주제를 다룰 때 가장 효과적인 활동 중 하나에요. 대화, 관계 회복, 존중과 경청을 통해 한 걸음씩 나아가는 것이 바로 용서의 과정이죠. 아이들은 진심 어린 사과를 오히려 어른보다 더 빠르게 받아들이고 실천해요. 중재자인 담임선생님의 코칭이 있어서 그렇기도 하지만 자기들끼리 또래 집단 내에서 사과하고 화해하는 능력이 자연스럽게 형성되기 때문이에요.

용서는 부모와 자녀 사이뿐만 아니라 부부, 형제자매, 친구 사이에서도 필요한 과정이에요. 진심 어린 사과를 돕는 그림책 <미안해 또 미안해>는 우리 친구들이 동봉된 엽서를 쓰는 재미에 직접 미안한 마음을 전할 수 있도록 구성되어 있어요. "이번 기회에 화해하고 싶은 친구나 가족에게 미안한 마음을 전해보는 건 어떨까?" 말이 떨어지기가 무섭게 아이들은 진지한 표정으로 엽서를 써 내려갔어요. 실생활에 적용해서 최근에 친구와 다툰 일을 떠올리며 솔직한 마음을 담아 화해의 엽서를 쓰는 시간은 사뭇 진지해 보였어요. 진정으로 용서할 줄 아는 용기 있는 친구들의 모습이 대견해 보였어요. 사과해야 할 일이 있다면 이 책을 조용히 건네는 것도 좋은 선물이 되어줄 거예요. 이 책을 쓴 이자벨라 팔리아 작가는 말합니다. "사과는 과거의 상처를 꿰매주고 미래로 가는 길을 열어주는 강력한 힘입니다."라고요.

우리 가족은 아이들이 어릴 때부터 사과하고 용서하는 모습을 보여주면서 지내왔어요. 갈등은 반드시 풀고 넘어가야 한다는 것을 알게 해주었으니까요. 하지만 그날의 일화는 부부에게 일침을 가하는 뜨끔한 교훈을 안겨주었답니다.

서울에 있는 아들을 만나 일을 마치고 공항으로 가는 길이었어요. 남편과 저는 사소한 말다툼으로 시작해 서로 상처를 줬고 참다못해 저는 오열하고 말았죠. 감정이 격해지자 그간 참으면서 쌓아두었던 무게만큼 분노는 커져버렸어요. 남편은 논리적이고 이성적인 말투로 계속 잘못만을 지적했어요. 어느덧 공항 입구로 진입하게 되자, 조용히 듣고 있던 큰아들이 입을 열었어요.

"아버지 어머니, 저희는 부모님의 훌륭한 교육으로 이렇게 잘 컸고, 그중에는 서로 이해하고 배려하는 부모님의 모습에서 가장 많이 배웠어요. 그런데 잘 지내시다가 이렇게 내려가는 길에 다투시면 보내드리는 제 마음이 편치 않을 거예요. 두 분 모두 서로를 잘 헤아려주시리라 믿어요. 화해하시고 함께 비행기에 오르는 모습을 보여주세요. 아버지의 입장도, 어머니의 입장도 모두 이해되네요. 충분히 타협점을 찾아내리라 믿어요. 화해하시고 내려가셨으면 합니다."

다 큰 성인이 된 아들 앞에서 다투고, 못난 모습을 보인 것 같아 정신이 번쩍 들었던 일이었어요. 결국 큰아들의 권유로 차 안에서 사과하며 용서를 구했고, 멋쩍은 모습으로 서둘러 공항 안으로 들어갔어요. 부드럽고 상냥하게 화해시켜 준 큰아들에게 고맙다는 인사는 미처 남기지도 못한 채, 바삐 내릴 수밖에 없었어요. 부끄러움 때문이었나 봅니다.

어른인 우리보다 큰아들에게 삶의 지혜를 배운 것 같아 부끄럽기 짝이 없었어요. 반백 살이 넘어도 부부가 감정을 주체하지 못하고 쌓아둔 일을 꺼내어 상황을 악화시켰으니 말이죠. 제주로 가는 비행기 안에서 깨달았어요. 오랜 갈등은 묵혀두어서는 안 되고 그때그때 풀어야 한다는 것을요. 잘못을 빠르게 인정할 줄 아는 용기도 필요해요. 사과는 기다리는 것이 아니라, 내가 먼저 손 내미는 것이라는 사실을요.

모든 가족에게 갈등과 불화는 피해갈 수가 없어요. 무조건 덮어둘 수도 없고, 앙금이 남은 채로 지내기에는 더없이 불편해집니다. 현명하게 화해하기 위해 사과와 용서를 구해야 하는 것이 가족인 거죠. 자기 잘못을 먼저 인정하고 고쳐나가겠다는 자세가 필요해요. 각자 자기의 주장만 내세운다면 갈등은 풀리지 않아요. 용서는, 미래로 나아가는 징검다리라고 해요. 과거의 잘못을 털어내고 새로운 관계를 위해 한걸음 내디뎌야 해요. 맺힌 감정을 풀고 서로 어깨동무하여 함께 나아가는 것이야말로 가족의 진정한 의미이기 때문이죠. 관계를 이어나가기 위해 가장 중요한 마음가짐은 "진심으로 사과하기"라는 것도요.

용서하면 가족 구성원 모두가 다 같이 자유로워질 수 있어요. **진심 어린 사과는 잘못된 행동에 대한 책임을 인정하는 거죠. '사과와 용서는 관계를 회복하는 첫걸음이다.'**라는 말은 참으로 맞는 말입니다. "당신의 마음이 아팠다는 걸 미처 몰랐어. 내가 어떻게 해주면 좋을까?"라고 말해 주는 것만으로도 저는 큰 위로를 받을 수 있었어요. 서로 감정을 솔직하게 말하고 어떤 부분에서 상처받았는지, 어떻게 도와줄 수 있는지 배려하고 공감하며 대화하게 되었답니다.

갈등은 피한다고 해결되는 일이 아니죠. 그리고 무엇보다 중요한 것은 사과한 후에는 구체적인 약속을 통해 앞으로는 그러지 않겠다는 다짐이 필요합니다. "앞으로는 더 자주 대화하자."라는 말로 약속하는 것입니다. 때론 시간을 주어 서로 감정을 정리하고 감정이 가라앉은 후에 다시 대화하는 것도 좋은 방법이에요. 아이들에게 가족은 처음으로 사회를 경험하는 공간이기 때문이죠. 용서는 불안과 우울증을 포함한 정신 건강에 영향을 준다는 연구 결과가 있어요. 만약 친구나 가족과 말다툼했다면 먼저 용서를 구해보는 건 어떨까요?

─ 이렇게 실천해 보아요 ─

1. 가족이나 친구와 다툰 경우, 먼저 사과하고 잘못을 인정하며 상대의 감정을 배려해 주어요.
2. 감정이 격해진 상황에서는 시간을 두고 진정한 후 차분하게 대화를 시도해요.
3. 앞으로의 관계 개선을 위해 "더 자주 대화하자."와 같은 실질적인 약속을 정해요.
4. 아이들에게는 그림책 활용이나 편지 쓰기 같은 방법으로 용서를 표현하도록 격려하고, 부모는 모범을 보여 사과하는 습관을 만들어요.

8

인생은 정말 굉장하다니까!

"하루에 한 번 집 밖을 나가는 순간, 남편과 아이들의 안위는 알 수 없기에 얼굴을 마주하고 인사를 나눠요. 돌아오면 무사히 들어온 감사의 인사도 꼭 건네죠."

부모 교육 중에 한 어머니가 전해준 말씀이에요. 참으로 소중한 마음가짐이네요. 가족이란 그만큼 귀하고 값진 존재이기 때문이죠. 저 역시 이 마음을 오래전부터 실천하며 살아오고 있답니다. 집을 나서기 전에 꼭 안아주고, 돌아와서도 따뜻한 체온을 나눕니다. 이렇게 해야 안심이 되기도 하지만 바쁜 삶 속에서도 놓치지 말아야 할 소중함을 온몸으로 실천하는 거죠. 가족이야말로 세상을 다 준다 해도 바꿀 수 없는 존재니까요.

가족 간의 성장은 가족 구성원들이 서로의 관계를 통해 개인적, 정서적, 사회적으로 발전하는 과정입니다. 가족은 생애 주기에 따라 각기 다른 과제를 가지며, 그 시기에 맞는 성장과 변화가 필요해요. 이를 위해서는 사랑과 존중을 바탕으로 한 유대감이 가족의 응집력을 강화하고 성장을 불러올 수 있어요. 결혼하고 부모가 된 부부도 처음 겪는 부모라는 역할을 해내느라 진땀을 뺍니다. 아이를 잘 키우기 위해 이리 뛰고 저리 뛰어다니는 동안 부모로서의 모습을 제대로 갖추어나가는 거죠. 한 인간으로서의 숭고한 성장입니다.

아이들 역시 마찬가지예요. 세상 밖으로 나와 낯선 모든 환경에 적응해 가느라 어렵고 힘든 시간을 보냅니다. 부모의 따뜻한 사랑과 조력 속에서 점차 삶을 배워나가게 되죠. 인간의 완전한 성장 과정이라 할 수 있어요.

우리의 생애 주기를 성장 과정대로 잘 나타낸 그림책 <내 이름은 자가주>가 있어요. 결혼 뒤 행복한 생활 속에 아이가 찾아오고 엄마, 아빠밖에 모르던 사랑스러운 아이에서, 반항심 가득한 사춘기를 지나 어느덧 성인이 되어 새로운 가족을 꾸미는 이야기예요. 어른으로 성장하는 건 두렵거나 무서운 일이 아니라 스스로 아름다워지는 과정임을 다정하게 일러주죠. 이렇게 완성된 성장 앨범은 세상 어디에도 없는 가족의 역사가 되어 훗날 가족에게 소중한 선물이 되어줄 겁니다.

안데르센상 수상 작가인 퀜틴 블레이크는 "인생은 정말 굉장하다니까요!"라는 말을 남겼어요. 무수한 웃음과 눈물, 한숨과 화해를 통한 한 인간의 성장을 고스란히 담아내고 있으니까요. 그는 그림책이 인생 자체를 담아낼 수 있음을 보여주었어요. 부모와 함께 걸어가는 젊은 커플의 뒷모습을 통해, 계속 새로운 인생이 이어진다는 진리를 전해줍니다.

살면서 좌충우돌하며 겪는 순간들은 성장하기 위한 진통의 시간이라고 할 수 있어요. 가족은 그 시기마다 서로를 응원하고 지지해 주죠. 부모는 먼저 겪었던 힘든 시기를 누구보다 잘 알기에 경험을 나누고 극복해 나갈 수 있도록 도와주어요. 아이들에겐 사춘기의 질풍노도가 있을 것이며 이를 통해 성장통을 앓게 됩니다. 부모님은 살기 위한 생계를 책임지다가 갱년기와 노년을 맞이하는 시간이 있어요. 인생의 흐름을 온몸으로 겪어나갑니다. 그 과정에서 고통과 시련, 좌절 등을 이겨내느라 얼마나 많은 눈물을 흘렸을까요? 하지만 그 모든 순간을 함께하는 존재는 결국 가족이에요. 가장 힘이 되어주고 믿을 만하다는 사실을 잊어서는 안 되죠. 같은 길을 걷는 사람도, 성장의 여정을 함께하는 이도 바로 내 곁에 있는 가족이니까요.

살아가는 동안 마주하는 아픔과 고통은 성장의 기회가 되어주어요. 뼈아픈 고통일수록 더욱 크게 성장할 수 있죠. 글을 쓰던 중 동시성처럼 찾아온 『사람은 무엇으로 성장하는가』를 읽고 있었어요. 독서 모임에서 발제를 준비하며 탐독하던 중에 이런 글귀가 마음에 깊이 와닿았어요.

'고통의 법칙을 배우지 않고는 절대로 성장할 수 없다. 성공한 사람들의 말을 들어보면 거의 모두가 고난의 시기를 성장에서 가장 중요한 순간이었다고 말한다. 일단 성공하기로 마음먹었다면 나쁜 경험에 잘 대처하기 위해 최선의 노력을 기울여야 한다.' 인생에서 나쁜 경험은 피할 수 없어요. 미숙함, 무능력, 실망, 갈등, 실직, 질병, 재정적 손실, 관계 상실 등 수많은 어려움을 겪으며 우리는 긴 터널을 지나가죠. 아무리 부정적인 경험이라도 잘 대처하면 반드시 성장으로 이어질 수 있어요. 중요한 것은 '나쁜 경험을 교훈 삼아 같은 실수를 반복하지 않기 위해서 어떻게 해야 할까?'라는 것이죠.

긍정적인 인생관은 살아가는 데 있어 엄청난 힘을 발휘해 준다는 글귀였어요. 가끔 친정엄마의 초긍정 DNA를 유전적으로 물려받았다는 우스갯소리를 하곤 합니다. 살면서 친정엄마가 전해준 긍정적인 에너지는 큰 힘이 되어주거든요. 삶의 굴곡이 만만치 않은 고통과 힘든 시간 속에서도 긍정적으로 대처하는 모습을 보며 자란 덕분에, 저 역시 삶의 어려움을 헤쳐나가는 강인함을 발휘할 수 있었어요. 이것 역시 저의 아이들에게도 전해졌어요. 어떤 일이 닥쳐도 긍정적으로 생각하고 위기를 넘어가는 건 문제를 대하는 태도에서 비롯되기 때문이죠.

가족 치료법의 대가 버지니아 사티어는 "인생은 우리 마음대로 되지 않는다. 제 마음대로 굴러간다. 그것을 어떻게 극복하느냐가 차이를 만들어 낸다."라고 말했어요. 살아가면서 우리가 마주하는 예기치 못한 일들, 그것을 대하는 태도는 우리가 선택할 수 있어요. 굳건한 의지로 고통 속에서도 긍정적인 교훈을 찾아낼 수 있고, 이를 통해 성장할 수 있어요. 자유의지를 갖고 자신에게 주어진 인생을 개척해 나가는 사람이야말로 성장의 기쁨을 거머쥘 수 있기 때문이죠. 홀로코스트에서 살아난 빅터 프랭클이 그 증거예요.

가족들이 함께 성장하기 위한 아픔을 나누고 터널을 빠져나올 때 가장 크게 축하해 줄 존재도 결국 가족이에요. 가족과 함께하기에 가능한 축복이라고 생각해요. 어떤 어려움이 닥쳐도 주저앉지 말고 이겨내려는 회복탄력성이 강한 사람은 나쁜 경험도 성장의 발판으로 삼을 수 있죠. 성과를 이루어내고 목표를 이루었을 때보다 힘든 과정과 역경을 극복한 후의 축하는 더욱 진한 감동을 선사해 줘요. "나는 굉장히 중요한 사람이야, 나는 위기가 와도 삶을 돌파해 나갈 힘끝이 있는 사람이야."라고 외치는 거죠. 부모로부터 받은 긍정적인 관계 안에서 힘을 발휘해 나갈 수 있도록 말이에요. 부모에게서 자신의 존재를 충분히 인정받았다면 자녀들의 성장은 고속 행진을 해나갈 거라 믿어요.

또한 아이들에게는 최적의 좌절이 필요합니다. 충분히 감당하고, 극복해 나갈 수 있는 형태의 좌절은 맡겨두어야 해요. 서러워도 해보고, 넘어져 보고, 아파보아야 그만큼 성장하는 것이기 때문이죠. **부모는 최적의 좌절을 주되, 일정한 경계 안에서 지켜봐 주어야 해요. 스스로 힘을 키워나가는 것, 모자라거나 힘들게 하는 부분이 있어도 세세하게 몰입하기보다 그럭저럭 괜찮다고 말하며 버팀목이 되어주는 거죠. 그것이야말로 최적의 좌절 속에서 성장하게 만드는 최상급의 양육입니다.**

아이들은 스스로 내적인 힘을 발휘하기 위해 심리적 자가 발전을 시도할 거예요. 그림책을 통해 내가 부족하거나 못 미치거나, 하고자 했지만 꺾인 경험을 어떻게 처리하는가를 함께 배우죠. 아이들에게도 이런 경험을 깨닫게 해주고 있어요. 고유한 자기만의 색깔을 찾고 삶에서 일어났던 좌절을 극복해 나가는 힘을 키워주고 있어요. 적절한 관심과 사랑으로 성장을 돕는 것은 커다란 기쁨이랍니다. 오늘도 저는 위대한 문구를 가슴에 새기며 발걸음을 재촉합니다.

"저 나무가 죽은 것 같지? 그런데 봄이 오면 잎이 난단다. 네가 저 겨울 나무야."

이렇게 실천해 보아요

1. 하루에 한 번 가족과 인사를 나누고 서로의 안부를 묻는 시간을 가져 신뢰와 유대감을 형성해요.
2. 어려움을 성장의 기회로 받아들이고, 부정적 경험에서도 교훈을 찾아내는 태도를 유지해요.
3. 아이가 감당할 수 있는 범위 내에서 스스로 문제를 해결하도록 돕고, 지나친 간섭을 줄여요.
4. 가족 구성원이 힘든 시기를 겪을 때 곁에서 지지하고, 성장을 축하하며 회복 탄력성을 키워요.

5

그림책으로 성장한 아이는 세상이 두렵지 않다

그림책은 아이들에게 세상을 헤쳐나갈 용기와 지혜를 선물합니다.
이야기를 통해 자신의 감정을 이해하고, 역경을 이겨내며,
있는 그대로의 자신을 사랑하는 법을 배웁니다.

1

지금의 나로 충분하다는 것

그림책 <소년과 두더지와 여우와 말>의 두더지가 물었어요. "살면서 얻은 가장 멋진 깨달음은 뭐니?" 그러자 소년은 대답해요. "지금의 나로 충분하다는 것." 이 질문을 아이들에게도 해보았어요. 아이들의 대답은 무엇인지 궁금해졌어요. 소년의 멋진 대답을 듣고 머리를 긁적입니다. 사뭇 진지한 질문이었나 봅니다. "너희들은 지금 있는 그대로의 모습으로 특별하고 소중한 존재란다. 그러니 자신을 아끼고 많이 사랑해 주어야 해."라고 말해 주었어요. 두더지의 대답은 곧 자존감 있는 삶을 살아갈 줄 안다는 뜻이에요.

자아존중감은 자신을 존중하고 사랑하는 마음이며, 어떤 일이든 해낼 수 있다고 믿는 마음이에요. 스스로 가치 있는 존재임을 깨닫고, 인생의 역경에 맞서 이겨낼 수 있는 능력을 믿는 것. 자신의 노력에 따라 성취를 이뤄낼 수 있다는 자기 확신이죠. 다만 세상의 기준에 맞춰 자신의 가치를 평가하는 것이 아니라 자신의 존재 자체로서 소중함을 인정하는 거예요.

우리 가족은 생일을 맞이하면 생일 카드에 항상 적어주는 글귀가 있어요. "당신은 사랑받기 위해 태어났어요. 당신이 있어 너무도 행복합니다." 이 말은 남편에게, 아이들의 생일에도 똑같이 전해주고 있어요. 존재 자체로 귀하고 소중하기에 함께하는 게 행복 그 자체에요. 그러니 아낌없이 사랑해야 합니다. 아이들은 자신이 사랑받고 있음을 본능적으로 느낄 때, 안정감을 얻고 존엄성을 키워나가요. 세상에 단 하나뿐인 소중하고 귀한 존재라는 걸 알게 되죠. 부모에게 아이의 탄생은 기적 같은 선물이니까요.

뉴욕타임스 선정 베스트셀러 아마존의 '선생님이 뽑은 최고의 책'에 포함된 수전 베르데와 피터 H. 레이놀즈가 또 한 번 만나 <나에게 해주는 멋진 말>을 새롭게 펴냈어요. 존경하는 작가들이라 자주 상담 그림책으로 활용하고 있는데요. 있는 그대로의 나를 마주하게 되고 사랑하도록 하는 응원과 용기를 전해주는 이야기예요. "다음에는 더 잘할 거야. 난 소중해, 차근차근 배우면 돼." 나를 긍정하는 말들을 들려주면 아이들은 어느덧 자신을 사랑하는 법을 배우게 되거든요. 있는 그대로의 나를 더욱 아껴주는 것이죠.

아이들도 불안하고 힘든 순간을 맞이합니다. 이럴 때 나 자신을 응원하는 격려의 말을 큰 소리로 읽어봅니다. 내 모습 그대로를 존중하라고, 긍정적인 면을 바라보게 하는 말을 되새기면서 말이죠. "시간이 흐르듯 지나갈 거야.", "다음에는 더 잘할 거야.", "난 이대로 충분해!" 마치 자기최면을 거는 것처럼요. 유난히 힘들었던 날, 하루를 마무리하기 전에 주문을 외듯 책 속의 멋진 말을 따라 해보라고 합니다. 내가 얼마나 멋진 존재인지를 말해 주고 싶을 때, 상냥하고 다정한 응원의 말이 필요할 때, 나를 단단하게 지지해 줄 친구가 필요할 때 곁에 두고 늘 펼쳐보고 있어요. 그림책의 힘이 고스란히 전해지니까요. 소중한 나를 아끼고 사랑하는 가장 쉬운 방법은 내가 말하는 대로 바꿀 수 있는 '나'인 것입니다.

아이들에게 나를 사랑하는 가장 쉬운 첫걸음부터 연습해 보자고 했어요. "매일 아침 일어나서 거울을 보며 말해 보자! 친구들이나 선생님에게 좋은 점을 전할 때도! 자꾸 연습하다 보면 나를 향해 사랑과 배려, 친절이 가득 담긴 말을 저절로 하게 될 거야." 그러면 자존감의 첫 단추는, 있는 그대로의 나를 사랑하는 것임을 깨닫게 될 테니까요. 그림책을 다 읽고 난 후의 아이들은 미소를 지어 보입니다. 저는 아이들에게 엄지 척을 보여줍니다. 아이들 모두가 보석처럼 빛나고 있으니까요.

이번에는 아이들이 무척 좋아하는 그림책으로 이야기를 나눴어요. 다비드 칼리 작가의 <난 나의 춤을 춰>는 자존감을 키워주는 그림책 중 하나에요. 자신을 닮은 것 같기도 하고, 주인공이 날씬하고 예쁜 모습이 아니어서인지 더욱 눈길을 끄는 것 같아요. 뚱뚱한 친구가 등장하니 왠지 친숙하고 자신을 닮아 있다고 생각하는 것인지 유난히 좋아합니다.

아빠 엄마 눈에는 삐쩍 마른 딸, 친구들이 보기엔 뚱뚱한 애, 담임선생님에겐 순한 학생, 체육 선생님에겐 너무 둔한 학생, 피아노 선생님에겐 너무 힘든 학생. 하지만 오데트의 머릿속에는 오데트가 좋아하는 걸로 가득 차 있어요. 거울 앞에서 춤을 추고, 언젠가는 작가가 될 거라며 여느 날처럼 자신만의 춤을 추어요.

"있는 그대로의 나를 받아줄 수 있나요?", "있는 그대로의 나를 좋아할 수 있나요?" 이 그림책을 읽고 난 후의 아이들의 대답은 단연 'YES'입니다. 주인공 오데트는 그렇다고 답합니다.

아이들에게 다시 물어봅니다. "주변의 어떤 말에도 흔들리지 않고 나는 나만의 춤을 출 수 있나요?" 대답은 중요하지 않아요. 자신을 사랑할 줄 아는 오데트의 모습을 본 친구들이라면 언젠가 나도 오데트처럼 춤을 출 수 있다는 용기를 얻을 거예요. 내 삶과 내 행복의 기준은 바로 나에게 있다는 것을 배워갑니다. 그러니 나만의 춤을 출 수 있다고 확신합니다.

그 아이 자체로 빛나는 존재라는 걸 인정해 주는 거죠. 그러니 가정에서 형제자매 간에 비교는 절대 해서는 안 돼요. 특히 부모가 쉽게 저지르는 잘못은 옆집 아이와 비교하는 건데요. 아이에겐 큰 상처가 되고 자신이 못나 보여요. 그러면 자신을 낮추게 되고 자존감은 떨어지기 마련이죠. 반에서도 다른 아이와 비교해서는 안 된다는 것을 늘 염두에 두고 있어요. 각각의 아이만의 개성을 가꾸어가도록 해주는 것이 자존감을 높여주는 길이거든요.

피터 H. 레이놀즈가 전하는 행복의 비밀 <너에게만 알려 줄게> 역시 친절하고 다정한 응원의 말을 천천히 건네주고 있어요. "네 안을 여행해 봐, 그냥 흘러가게 둬, 한 걸음 한 걸음 느껴봐! 망설이지 말고 문을 열어젖혀, 마음 가는 대로 해." 누군가에게는 내가 나로 있는 시간이 노래를 부를 때일 수도, 그림을 그릴 때일 수도, 명상하거나 여행을 떠날 때일 수도, 산책할 때일 수도, 기쁨을 나눌 때일 수도 있어요. 아이들과 함께 "내가 가장 나다울 때가 언제일까?" 이야기를 나누다 보면 저도 집중하게 돼요. 심리 치유를 공부하면서 얻은 부가적인 행복을 느끼는 순간이기도 하죠. 내게 가장 즐겁고 신나는 일을 찾아보았어요. 여행이 먼저 떠올랐지만 앞으로 계속 글을 쓰는 작가의 삶을 살고 싶다는 생각이 들었어요. "천천히 너를 들여다봐. 행복의 비결은 네 안에 있어." 아이들은 많은 그림책을 통해 자신을 존엄하게 여기게 되었어요. 어른들은 자존감의 주도자이며 교사이자 모범이니까요.

자존감은 나이를 불문하고 언제든 다시 형성할 수 있다는 거예요. 자존감이 낮음을 깨닫고 현재 상태를 인정하고 변화하려는 노력으로 자존감을 높일 수 있어요. 그림책을 통해 어른들도 아이와 함께 성장한다는 말이 있어요. 아이를 위한 시간에 부모도 함께 자존감을 계발하기 위해 시간과 끈기를 갖고 새로운 걸 시도하려는 용기가 필요해요. 때로는 어른이 아이에게서 더 많은 것을 배우기도 하죠. 아이가 바라보는 세상을 함께 바라보며, 그림책 한 권을 통해 성장해 나가는 것, 그것이야말로 그림책의 신비로운 힘이겠죠.

이렇게 실천해 보아요

1. 매일 아이와 함께 거울을 보며 "나는 충분해.", "나는 소중해."와 같은 자기 긍정의 말을 연습해요.
2. 형제자매나 다른 아이와의 비교를 피하고, 각자의 개성과 장점을 칭찬해 주어요.

3. 생일 카드나 일상에서 "너는 사랑받기 위해 태어났어."와 같은 따뜻한 말을 전해주어요.
4. 아이와 함께 그림책을 읽고, 자신에게 가장 행복한 순간과 자신을 사랑하는 방법을 찾아보아요.

2

역경은 이젠 안녕

"행복한 가정이란 어떤 것일까요?"라고 물으면 아이들은 "아빠, 엄마, 형제자매가 다 같이 모여 사는 것이요."라고 답합니다. 하지만 현실에서는 부모 간의 갈등으로 인해 가족이 떨어져 사는 경우가 많아요. 이런 환경은 자녀에게 정신적으로 부정적인 영향을 미치며 아이들은 부모의 문제를 해결해야 한다는 압박을 받기도 합니다. 특히 이런 불화로 인한 이혼이나 재혼과 같은 문제는 많은 혼란을 주게 됩니다. 아이들은 부모의 문제가 자기 때문에 일어났다고 자책합니다. 그것이 아니라고 말해 주어야 해요. 이런 상황은 안타까움을 자아내게 해요.

아동기 역경을 연구하는 신경생물학자들에 따르면, 불행한 가정에는 한 가지 공통점이 있다고 합니다. 만성적 역경을 경험한 아동들은 뇌 구조에 변화가 생기며, 신체에도 영구적인 상처들이 남는다고 해요. 누구든, 어디서 살았든, 성장기에 불행을 준 게 어떤 사건이든 무척 닮아 있다는 사실이에요. 쉽게 말해서 아동기의 독성 스트레스가 뇌를 바꾸어버린다는 것이죠. 정신적 스트레스와 신체의 염증 사이에 강한 상관관계가 있으며, 이는 후에도 지속적인 영향을 미친다고 해요.

한 남학생은 심각한 탈모 증상을 보였고 정서적 불안과 심각한 여러 정신적 스트레스가 몸으로 나타났어요. 아동에게 주어지는 만성적인 부정적 시선과 비난, 정서적 방임, 부모의 이혼, 가족의 죽음, 우울증이나 중독 장애가 있는 부모의 감정 기복, 성적 학대, 신체적 폭력 등이 이러한 증상의 원인이었어요. 연구 결과에 따르면 부모가 이혼한 아동은 성인이 되어 뇌졸중에 걸릴 확률이 훨씬 높다고 해요. 어린 시절의 역경이 성인이 된 후에도 치명적인 신체적, 정신적 요인으로 따라가기 때문이죠. 우리는 이 중요한 사실을 지나쳐서는 안 돼요.

학교에서 만난 한 친구는 부모의 이혼으로 인해 심리적으로 불안한 상태에 놓여 있었어요. 분노 조절 장애와 폭력적인 행동을 보이며 여러 가지 문제를 동반하고 있었어요. 마음속에 눌러 담고 있던 아동기의 정서적 트라우마는 언젠가 성인기에 비집고 나온다고 해요. 연구 결과에서도 아동기의 역경은 뇌에서 심층적인 변화를 일으켜 우울증과 기분 조절 장애의 시동이 걸린다고 하는 점이 나타났어요. 하지만 다행스러운 것은 생애 초기에 일어난 이러한 피해는 복구될 수 있다는 점인데요. 뇌는 스스로 회복하는 힘이 있기 때문이죠. 아이들의 역경을 잘 돌보고 세심하게 관찰해야 한다는 것을 보여주는 여러 의학계의 연구 자료가 있어요. 문제의 원인을 파악하고 예방하는 것도 중요하죠. 아이들은 자신의 감정 상태를 다양한 방식으로 표현할 것이고 심한 경우 신체화로 나타날 수 있어요. 그림책을 활용한 심리 치유는 특히 부정적인 경험을 겪은 아이들에게 장기적인 도움이 될 수 있답니다. 그러나 이 과정은 위로나 공감만으로는 해결되기 어려운 치료적 개념을 포함해야 하기에 상당한 시간이 필요하기도 해요.

가정 폭력과 아동 학대를 다루는 그림책을 아이들과 함께 보기는 어려운 경우가 많아요. 이때 부모가 먼저 읽고 생각해 볼 수 있는 그림책이 있어요. 그중 하나가 바로 <앵그리맨>입니다. 이 책은 사실적인 이야기와 그림을 통해 일상생활에서 일어날 수 있는 사건과 행위를 주제로 담고 있어요. 가정 폭력과 아동 학대가 얼마나 무서운지 그림책 안에 고스란히 드러나 있어요. 책 속에서 아빠의 표정을 보면 얼굴이 잔뜩 일그러져 있고, 손과 얼굴에 붉은색이 보이기 시작합니다. 어느 순간 아빠는 온몸이 불길에 휩싸인 '앵그리맨'으로 변합니다. 아이가 집 안 분위기가 이상해지는 걸 느끼고 점점 불안해하는 모습들이 사실적인 글로 표현됩니다. "아빠, 제발 앵그리맨이 나오지 않게 해주세요. 착해질게요. 아무 말도 하지 않을게요. 숨도 안 쉴게요." 아이의 이 절박한 말은 너무나 가슴을 아프게 합니다. 앵그리맨이 된 아빠에게서 주인공 아이를 지키려고 애쓰는 엄마, 앵그리맨이 된 아빠가 다시 평소의 아빠로 돌아오기 전까지 벌벌 떨고 있는 아이의 모습이 정말 가엽게 느껴집니다. 불이 앵그리맨을 다 태워버린 후, 상처투성이 아빠가 남습니다. 이런 아빠를 돌보고 감싸는 건 결국 엄마와 아이입니다. 누구한테도 이런 얘길 해서는 안 돼요. 보지도 말고, 말하지도 말고, 듣지도 말아야 해요. 이건 일급비밀이고, 엄마는 "우린 정말 행복하게 잘 지낸다."라고 말하니까요. 가정을 지켜야 하기에 말을 하지 않는 엄마 역시 안타깝기는 마찬가지입니다.

엄마는 앵그리맨이 된 아빠에게서 아이를 지키려 애쓰지만, 한편으로는 학대 속에서 아이를 방치하는 듯한 모습도 보입니다. 쉬쉬하며 밖으로 가정 폭력에 대한 이야기가 새어 나가지 못하게 합니다. 옆집에 사는 아줌마. 주인공이 무슨 일을 겪고 있는지 짐작은 하지만, 적극적으로 무언가를 하거나 도와주지는 않아요. 실제로도 많은 사람이 가정 폭력 가정을 목격하면서도 방관하는 경우가 있어요. 그래서 작가는 '닫힌 집 안에서 벌어지는 일을 바깥세상에 말하고 도움을 청하라.'고 말합니다. 책 속에서는 하얀 강아지, 나무 덤불, 새들이 주인공의 마음속 이야기를 가만히 들어줍니다. 누군가에게 꼭 말하라고 용기를 주거든요. 출입문이 있어도 두려움에 나가지 못하고 있던 주인공은 마지막에 용기를 내어 임금님이라는 사람에게 편지를 씁니다. "아빠가 때립니다. 제 잘못인가요?" 임금님은 이 편지를 받고 주인공의 집으로 찾아와 아빠를 임금님이 사는 궁전으로 데리고 갑니다. 책 속의 임금님은 조력자, 상담사, 가정 폭력으로부터 보호해 줄 수 있는 도움을 주는 인물이에요. 궁전은 아빠의 폭력성을 치료해 주게 될 공간인 셈인 거죠. 아빠는 그곳에서 내면 깊숙이 자리 잡은 앵그리맨을 만나고, 더 들어가 늙고 화난 노인을 만나게 됩니다. 이 늙고 화난 노인은 아빠의 아빠를 나타내며, 자신 또한 아버지에게 학대받았음을 알게 됩니다.

말하지 않고 묻어두거나 덮어버린 가정 폭력이나 아동 학대는 대를 이어

또 다른 학대를 낳을 수 있다는 걸 보여줍니다. 이를 '정서적 대물림'이라고 해요. 가정 폭력을 당한 아이가 커서 다시 폭력을 행사하는 악순환이 반복될 수 있기 때문이에요. 초기에 해결할 수 있도록 도움을 주어야 합니다. 가정 폭력을 당한 후유증으로 공격성을 가진 아이들이 다시 학교 폭력을 발생시킬 수 있으니까요. 정서 지원 대상이었던 남학생도 부모의 이혼이 학교 폭력으로 이어져 여러 가지 문제를 일으켰어요. 처음에는 언어폭력으로 시작되었다가 강도가 높아지면 의도적으로 몸을 밀치거나 힘을 가하기 시작했죠. 그러다 작은 꼬투리라도 잡히면 순식간에 큰 폭력으로 이어졌어요. 그러다 보니 가정 폭력을 해결할 때, 처벌보다는 가족의 문제가 무엇인지 전문가의 도움이 필요할 때가 있어요. 가해자에 대한 격리와 심리 치료도 중요한 해결책이 될 수 있어요. 가정 폭력은 신체적, 정신적인 것도 포함되니까요.

하루 18건의 아동 학대가 벌어지고 있고, 매일 아동 학대로 인해 아동 한 명이 사망하고 있다고 합니다. 더욱 안타까운 점은 아동 학대에 노출된 아이들은 가정 폭력을 자신의 탓으로 생각한다는 점이에요. 아이들에게 그것이 잘못된 생각임을 알려주었어요. **"절대 너희들의 잘못이 아니야. 어른들에게 문제가 생긴 것뿐이야. 그러니까 자신을 미워해서는 안 되는 거야." 가족 내의 역경은 감수해야 하는 것이 아니라 반드시 해결되어야 하는 문제예요.** 아이들이 안전하고 행복해지기 위해서 무엇을 해주어야 하는지 고민해 봅니다. 아이들이 "역경은 이젠 안녕!"이라고 외칠 수 있도록 도와주어야 해요. 행복한 환경을 만들어주는 것이 우리의 역할이니까요!

> **이렇게 실천해 보아요**
>
> 1. 아이들의 정서적 변화와 신체화 증상을 세심하게 관찰하고, 이상 징후가 보이면 즉시 전문가에게 도움을 요청해요.
> 2. 그림책을 활용한 심리 치료와 상담을 통해 아이들이 감정을 표현하고 치유할 수 있는 환경을 만들어주어요.
> 3. 부모와 교사를 대상으로 가정 폭력의 심각성과 대처 방안을 교육하고, 아동이 안전하게 도움을 요청할 수 있도록 안내해요.
> 4. 학교, 상담 기관, 지역사회와 협력해 폭력 피해 아동을 보호하고, 가해자에 대한 심리 치료 및 재활 프로그램을 통해 아이의 안전을 살펴야 해요.

3

네 목은 진짜 대단해

요즘 아이들은 감정적으로 벼랑 끝에 서 있는 듯합니다. 인스타그램에 무언가를 올리면 얼마나 많은 댓글이 올라오는지에 연연하고, 무수한 인터넷 매체에 많은 글이나 사진을 올리고 팔로우 조회 수에 집착하기도 해요. 이러한 현상은 인터넷 세계에 중독되어 듣고 싶지 않은 말을 들을까 두려워하는 동시에, 끊임없이 관심을 받고 싶은 욕구에서 비롯되었다고 할 수 있어요. 왜 이런 일들이 일어나는 걸까요? 아이들이 진정으로 바라는 것은 무엇일까요?

학교에서도 카톡이나 문자메시지를 주고받으며 친구들끼리 오해가 생기는 경우가 있어요. 부정적인 감정을 표현하면서 상처를 주기도 하죠. 작은 오해가 큰 감정싸움으로 번지기도 합니다. 사소한 문제로 시작되어 큰 감정싸움으로 커지면 걷잡을 수 없게 돼요. 곧바로 왕따 문제로 이어지는 사건들이 발생하죠. 단체 카톡방에서 삭제해 버리고 대화에서 빠지게 하며 학교생활에도 피해를 줍니다. 우울증을 호소하기도 하고 피해망상에 사로

잡히기도 하죠. 아이들은 누구와 함께 있는지에 따라 감정을 표현하는 정도가 달라진다고 해요. 때로는 자신이 실제로 어떤 감정을 느끼고 있는지조차 모를 때도 있어요. 진짜 감정을 숨기고 포커페이스를 보여주고 있기 때문이죠. 하지만 감정은 숨기려 해도 완전히 감출 수가 없어요. 특히 부정적인 감정이라면 더욱 그렇다고 볼 수 있죠. 감정 표현은 상대가 있어야만 쓸 수 있는 기술입니다. 들어주는 사람이 없다면 어떤 표현도 의미가 없으니까요. 그러니 이런 문제를 해결하기 위해 긍정적 감정을 갖도록 돕는 것이 중요하다고 생각했어요. 감정도 습관이 될 수 있기 때문이에요.

가정에서도 부모의 부정적인 표현이 아이들에게 깊은 마음의 상처를 남기는 일이 있어요. 아이들은 너무나 솔직하기에 부끄럼 없이 부모의 이야기를 액면 그대로 전해줍니다. "아침에 아빠가 화를 내며 때렸어요.", "아빠가 기분이 안 좋을 때 물건을 던지고 깨뜨려요." 아무런 거리낌 없이 들려주곤 합니다. 난처하지만 가정 안의 문제점을 포착해 낼 수 있는 단서가 되기도 해요. "엄마는 표정이 안 좋아요. 뭔가 참고 있느라 아파 보였어요. 눈물을 흘리기도 해요. 제가 보지 않는 곳에서요." 이는 가정 안에 폭력 문제가 있었다는 것을 시사하죠. 단순한 부부 싸움이 아닌 가정 폭력 위험이 있었는지 묻게 됩니다. 아빠의 부정적인 말과 행동. 엄마의 침묵. 등교조차 즐겁지 않으며, 학교에서 앉아 있는 모습만 봐도 어땠을지 짐작이 갑니다. 겪는 기분이 하루 전체의 기분을 좌우해 버리기도 하죠. 그러니 가족 내에서 긍정적인 표현은 행복한 가정을 이루는 데 중요한 몫을 차지한답니다.

"미안해, 고마워, 감사해!"라는 간단한 말 한마디가 마음을 따뜻하게 만들어줘요. 긍정적인 가정 분위기를 만들어주는 게 얼마나 중요한지 깨닫게 해주었어요. 가족 간의 긍정적인 표현은 행복한 가정을 만드는 데 중요한 요소이며 의도적으로라도 자주 사용해야 합니다. 특히 서로의 성취와 성장을 축하하며 긍정적인 에너지를 나누어야 해요. 어린 자녀의 성적 향상, 입학과 졸업, 부모님의 승진, 수상과 합격 등 노력에 대한 축하는 대표적인 긍정 표현입니다. 아낌없이 나누어야 하며 이는 크면 클수록 좋기 때문이죠. 어렵고 힘든 순간에도 긍정적인 표현을 통해 서로에게 힘이 되어줄 수 있어요.

학교에서도 유난히 긍정적이고 자존감이 높은 친구들을 보면 보석처럼 밝게 빛납니다. 친구들과의 사이도 당연히 좋아요. 배려심도 많고 친구들의 장점을 발견해 칭찬하는 것을 좋아합니다. 긍정적인 감정 표현에 익숙해진 친구들 역시 긍정의 기운이 흘러 칭찬 릴레이가 시작됩니다. 잘 모르는 나에 대해 얘기해 줄 때 아이들의 눈은 반짝거립니다. 자신이 미처 알지 못했던 장점이나 특기와 같은 재능을 발견해 줄 때면 더욱 어깨를 들썩이죠. 칭찬 샤워가 시작되는 순간이에요.

자기 긍정 그림책 <기린은 너무해>는 자신이 가진 긴 목을 미워하고, 싫어하고, 부정하는 기린 에드워드가 등장합니다. 자기 목이 너무 길고, 휘고, 가늘고, 무늬가 많고, 잘 늘어나고, 너무 우뚝하다고 생각해요. 기린에게 그의 목은 한마디로 너무합니다. 반면에 얼룩말의 목 줄무늬는 아주 멋집니다. 코끼리의 목은 굵고 힘차면서 우아합니다. 사자의 갈기는 풍성하게 물결치며 눈부시게 아름답습니다.

아, 그런데 바로 그때 거북이가 기린에게 인사를 건네며 말합니다. "멀리서 쭉 네 목을 보고 있었어. 정말 감탄스러워. 내 목도 너와 같았으면 좋겠어! 하루에 아주 많은 일을 할 것 같아. 닿는 것도, 잡는 것도, 둘러보는 것도 난 못해." 에드워드는 기꺼이 기다란 목으로 잘 익은 바나나를 따줍니다. "에드워드, 네 목은 진짜 대단해. 놀라운 일을 해내잖아.", "고맙다. 사이러스, 네 목도 근사해. 우아하고 품위가 있어. 등딱지하고 잘 어울려." 두 친구는 서로의 장점을 아낌없이 칭찬해 줍니다. 곧 사이러스는 말합니다. "정말 특별한 말을 해주는구나, 에드워드."

아이들은 특별한 말 한마디가 얼마나 큰 변화를 가져올 수 있는지 깨달았어요. 목이 길든 짧든, 키가 크든 작든 괜찮습니다. 돼지코여도, 뚱뚱하거나 말라도 상관없는 일입니다. 다 나름대로 자기만의 개성이 있는 것이니까요. 내가 친구들에게, 친구들이 나에게 해줄 수 있는 칭찬 한마디가 기분을 좋게 만들어주는 거죠. 에드워드는 거북이 사이러스를 만나며 생각이 바뀌었고 긍정 마인드를 갖게 됩니다. "내 목은 멋지구나! 네 목은 정말 대단해." 자기 긍정의 순간은 에드워드의 삶을 완전히 바꿔놓았어요.

책을 읽고 난 후에 미덕 카드를 활용해 봅니다. 나의 장점을 긍정적으로 표현하는 연습이 필요하기 때문이죠. 나를 긍정적으로 바라보아야 다른 사람도 긍정적으로 바라볼 수 있으니까요. 살아가면서 이런 긍정의 말 한마디로 지금의 삶이 바뀌었을 수도 있어요. 부모님일 수도 있지만 친구도, 선생님도, 또는 가족 중 누군가가 될 수 있어요.

"기린의 장점을 이야기해 주는 거북이 친구가 멋져 보여요!" 아이들은 말합니다. 누군가의 좋은 점을 보고 칭찬해 주는 것은 쉽지만은 않은 일이랍니다. 우리 반 친구들의 모습인 것 같아 따뜻하고 가슴 뭉클해집니다. 있는 그대로의 모습을 보고 긍정적으로 말해 주는 친구를 만나고, 또 그렇게 말해 줄 수 있는 친구가 되기를 간절히 바라봅니다. 가정으로 돌아가서 미덕을 세 가지 말해주기로 약속합니다. 가족 중 누구라도 좋아요. 아이들은 미덕의 내용을 가족에게 전하려고 설레기도 합니다. 칭찬은 고래도 춤추게 한다는 말처럼요. 역시 긍정의 감정 표현은 타고나기보다는 양육 과정에서 만들어질 수 있다는 희망이 있네요. 아이들은 제게도 칭찬 샤워를 보내줍니다. "선생님은 참 따뜻한 사람이에요." 구름 위에 떠 있는 기쁨이 저를 힘솟게 한답니다.

> **이렇게 실천해 보아요**
>
> 1. 가족 간에 매일 서로의 장점을 세 가지씩 말하며 긍정적인 언어를 습관화해요.
> 2. 친구들의 장점을 찾아 칭찬하는 '칭찬 릴레이' 활동을 통해 서로의 긍정적인 면을 발견해 나가요.
> 3. 나의 강점을 적고, 이를 자주 읽으며 스스로 긍정적으로 바라보는 연습을 해요.
> 4. 누군가의 장점을 말해 주는 '거북이 친구'가 되어 주변 사람들에게 긍정적인 영향을 주어요.

4
그랬구나! 속상했구나!

"그랬구나! 속상했구나, 마음이 아팠구나!"

아이들에게 자주 건네는 말입니다. 아이들은 누군가 들어주고 공감해 주면 마음을 활짝 열어 보이니까요. 함께 있고 싶고, 힘들 때 찾아가고 싶은 사람은 바로 공감 능력이 높은 사람이죠. 공감 능력은 선천적으로 어느 정도 타고나기도 하지만, 성장하는 과정에서 부모님을 비롯한 다양한 사람들과의 상호작용을 통해 발달하게 됩니다. 최근 연구에 따르면, 태어날 때부터 가지고 있는 공감 능력은 전체의 10% 정도이고, 나머지 90%는 후천적으로 배울 수 있는 기술이라고 합니다.

책을 읽거나 영화, 드라마를 보면서 주인공을 따라 같이 울어본 경험이 있을 거예요. 아이들은 특히 더 강하게 '거울 뉴런'을 보여줍니다. 다른 사람의 행동을 보기만 해도 마치 거울에 비친 것처럼 직접 행동하거나 경험하는 것 같은 느낌을 받는 것이죠. 아이들은 무의식적으로 어른의 말과 행동을 따라 하며, 단순한 모방을 넘어 학습하게 되는 것이죠.

공감 능력을 키우기 위해서는 그림책 <가만히 들어주었어>의 토끼처럼 곁에서 집중하며 이야기를 경청하는 것이 필요합니다. 상대의 말뿐 아니라, 몸짓, 표정, 말투 등 모든 것에 관심을 두고 온전히 집중해서 듣는 것이 중요해요. 내 생각과 기준을 내려놓고 판단하지 않고 듣는 것이죠. 상대의 감정을 읽어주는 연습도 필요해요. 역할극을 통해 다른 사람의 입장이 되어 감정이입을 해보는 것도 효과적이었어요. 역할극은 공감 능력을 키울 뿐 아니라, 심리 치료에서도 효과가 검증되어 정신과 치료나 집단 상담에서 많이 활용되고 있어요. 여행이나 다양한 체험 활동, 봉사 활동을 통해 색다른 경험이나 배경을 가진 사람을 만나는 것도 좋아요. 다양한 문화를 직접 체험하며 느끼는 것도 공감 능력을 키우는 데 도움이 됩니다. 아이들에게 가장 많이 권해주고 있는 건 자연환경 속에서 자연과 교감하고, 반려동물이나 식물을 돌보는 것입니다. 이는 배려와 책임을 배울 수 있는 좋은 방법이에요. 가정과 학교, 자연 속에서 다양한 방법을 통해 서로를 이해하고 존중하는 공감 능력을 키워나갈 수 있어요.

아이들은 반려견의 이야기에 특히 열광합니다. 그림책 역사상 가장 치명적인 매력을 지닌 강아지 '안돼'를 통해 상대의 입장을 공감하고 친밀한 관계를 유지하는 법을 배울 수 있었죠. 스페인 작가 마르타 알테스의 <안돼!>는 자신의 이름을 '안돼'로 알고 있는 강아지의 이야기인데요. 강아지 '안돼'는 가족들을 위해 온갖 집안일을 도와주지만, 가족들이 보면 말썽쟁이일 뿐이죠. 가족들은 자꾸 "안 돼."라고 소리를 지르는데, 주인공 강아지는 그

걸 자기 이름으로 알고 있다는 거예요. 반려견을 키워본 사람이라면 더욱 공감할 수 있어요. 사람의 시선으로 보면 개는 귀엽고 충성스럽지만, 동시에 말썽쟁이라 할 수 있죠. <안돼!>는 사람과 동물, 그리고 사람과 사람 사이에서도 서로의 입장으로 바꿔 생각해 보는 게 얼마나 중요한지를 깨닫게 해줍니다. 나와 주변 사람들과의 관계를 되돌아보게 해요.

우리가 아이들을 키울 때도 마찬가지입니다. 미운 네 살이나 일곱 살의 아이들은 나름 깊은 생각을 하고 벌인 일인데, 부모들은 "안 돼."라는 부정적인 말을 자주 사용하죠. 아이들은 이런 말을 들으며 무척 속상했을 거예요. 강아지 안돼는 말합니다. "우리 가족은 저를 정말 정말 사랑하나 봐요. 저도 우리 가족을 너무너무 사랑해요." 그런데 강아지 '안돼'에게 한 가지 이해가 안 가는 일이 있어요. "가족들은 왜 저에게 엉뚱한 이름표를 달아주었을까요?" 알고 보니 강아지의 진짜 이름은 '뭉치'였네요. 이 장면에서 아이들은 배꼽을 잡고 깔깔 웃어댑니다. 서로의 입장만 생각하다 보니 벌어진 일이었죠. 자신을 너무나 사랑한다고 생각하는 강아지 '안돼'의 진짜 이름이 '뭉치'라니 얼마나 사고를 치고 다니면 사고뭉치인지 재미있는 내용입니다. 그걸 사람들은 "안 돼."라는 말로 막으려고 했던 것이었죠. 웃음과 재미가 절로 납니다.

이처럼 강아지 뭉치의 시선에서 이야기를 들으며 상대의 말에 경청하도록 도와주었어요. 이어서 아이들도 자기 생각에 빠져서, 친구와 멀어졌던 경험담을 들려주었어요. 고개를 끄덕입니다.

안돼처럼 내 생각만 하다 보면 다른 사람의 마음을 미처 헤아리지 못할 때가 있어요. 친구 관계에서도 마찬가지죠. 그래서 양쪽의 말을 다 들어보아야 해요. 자기 입장만 내세우다 보면 싸움은 더 커질 수밖에 없어요. 양보하는 마음, 먼저 손 내밀어 용서를 구하는 친구들이 되도록 해주었어요. "너의 마음이 그랬구나, 속상했구나!" 듣기만 해도 마음이 스르르 풀리는 마법 같은 말이에요. 우리는 삶을 살아가면서 얼마나 상대의 편에서 생각하며 살고 있을까요? 진심으로 누군가를 위해준 적이 있나요?

"우리를 더 나아지게 만드는 것은 타인의 신발을 신고, 설 수 있는 능력이다." 오바마 미국 전 대통령이 한 유명한 말이에요. 아이들이 귀를 쫑긋 세우고 들었어요. 그리고는 멋진 말이라고 손뼉을 쳤어요. 타인의 입장이 되어 생각할 수 있는 능력이 있어야 다른 사람을 존중할 수 있는 거예요. 공감을 통해 관계는 더욱 가까워지고 서로를 배려할 수 있어요. 관계란 공감이 바탕이 되었을 때 아름다운 사이로 거듭날 수 있으니까요. 친구나 가족과 함께 서로의 감정과 기분을 이야기하며 더 나은 관계를 만들어나가도록 해주었죠.

한 친구가 그림책을 읽고 난 후, 공감에 대한 글을 썼어요. '공감이란 다른 친구의 눈이 되어 함께 세상을 바라보아야 하는 것이고, 그 속에서 우리 모두의 마음을 이어주는 다리가 된다고 생각해요.' 친구들의 박수가 쏟아졌어요. 공감을 위해 아이들에게 "너의 기분은 어떤 색깔이니?" 묻곤 합니다. "선생님도 그런 기분일 때가 있었어."라고 말하며 대화를 시작하는 거죠. 마음이 통할 때 아이들은 솔직해지거든요. 감정 카드를 펼쳐놓고 지금의 감정에 공감해 주는 거예요. 아이들은 재빠르게 손을 움직여요. 얼른 자신의 마음을 보여주고 싶은 거죠! 공감으로 가득한 세상, 우리 아이들이 만들어나갈 멋진 세상이랍니다.

무엇보다 중요한 것은 공감이 특별한 순간에만 필요한 것이 아니라는 점이에요. 일상에서 서로의 감정에 관심을 두고, 마음을 나누려는 작은 실천이 모여 공감의 문화를 만들어갑니다. 아이들이 친구와의 관계에서 갈등을 이해하고 스스로 풀어갈 수 있도록 돕는 것도 어른들의 몫이지요. 함께 웃고, 함께 울며 서로의 이야기를 들어주는 것이야말로 우리가 더 좋은 관계를 만들어가는 첫걸음입니다. 아이들이 공감을 배우고 실천할 때, 더 따뜻하고 배려하는 세상이 펼쳐질 것입니다. 지금 우리가 아이들에게 건네는 공감의 말 한마디가 오랫동안 남아, 더불어 살아가는 힘이 되기를 바랍니다.

오늘, 아이의 마음에 다가가 이렇게 말해 보면 어떨까요.

"그랬구나, 속상했구나. 네 마음 이해돼." 그 한마디가 아이들에게는 커다란 위로가 될 수 있으니까요.

이렇게 실천해 보아요

1. 아이들의 말을 판단하지 않고 집중해서 듣고, 감정을 읽고 "그랬구나, 속상했구나."를 자주 사용해요.
2. 친구나 가족의 입장이 되어보는 역할극을 통해 다양한 관점을 경험해요.

3. 감정 카드를 활용하거나 "너의 기분은 어떤 색깔이니?", "지금 기분이 어때?"와 같은 질문으로 감정을 자유롭게 표현하도록 해요
4. 반려동물 돌보기, 봉사 활동, 여행 등을 통해 다양한 환경에서 타인을 이해하는 경험을 쌓아가요.

5

엄마의 엄마가 준 사랑

"그림책에서 색다른 맛을 경험하게 돼요.", "내가 알지 못한 것을 보여주는 재미가 있어요.", "그림책은 소금이에요." 아이들에게 그림책이 무엇인지 표현해 보자고 했더니 써준 글들입니다. 그림책을 읽는 경험은 단순히 이야기만을 읽는 것이 아니죠. 아이들과 함께 그림책을 읽는 순간, 감정의 맛이 진하게 배어 나옵니다. 그림책은 감정의 세계로 들어가는 가장 쉬운 통로이니까요. 상상력을 펼치며 통통 튀는 표현을 구사하는 친구들을 볼 때면 글쓰기의 효과도 눈에 띄게 좋아졌다는 걸 알게 돼요. 그림책으로 만나는 모든 순간이 아이들도, 저도 즐겁고 신이 나는 일이랍니다.

엄마와 아이와 함께 읽으면 좋은 책 <자꾸자꾸 화가 나>는 자신의 느낌과 생각을 잘 표현하고, 감정을 잘 조절하는 것이 얼마나 중요한지 알려줍니다. 아이는 자신의 감정을 능숙하게 표현합니다. "친구가 내 필통을 뺏어갔을 때 너무 화가 났어요." 이렇게 간단한 한마디 말로 자신의 감정 상태를 알아차리고 표현하는 것이 중요하죠.

그림책을 읽는 시간은 단순히 책장을 넘기며 이야기를 듣는 시간이 아니에요. 그 속에서 자연스럽게 아이와 소통하는 기회가 찾아옵니다. 그림책은 부모와 아이 사이의 소통을 더 풍부하게 만들어주는 소금과도 같아요. <동갑내기 울 엄마>라는 그림책은 가족 간의 사랑과 유대감을 아름답게 그리며 엄마와의 관계를 새롭게 느끼게 해줍니다. 그림책의 중심에는 할머니의 병석에서 나누는 중요한 대화가 들려요. 할머니는 곧 떠날 준비가 되어 있지만, 주인공 은비에게 교훈을 남깁니다. 할머니는 은비가 일곱 살이듯 "엄마도 너처럼 일곱 살이었단다."라고 말하며 엄마도 여전히 많은 것을 배우고, 성장하는 존재임을 알려줍니다. 모두에게 엄마가 없는 삶은 슬픈 일이며, 엄마도 할머니가 떠나면 많이 슬퍼할 것이라고 전해줍니다. 할머니는 은비에게 엄마의 어린 시절을 들려주며, 엄마도 늦잠꾸러기였고, 겁쟁이였으며, 울보였다는 사실도 말해 줍니다. 은비는 할머니의 말을 통해 엄마를 더 깊이 이해하게 되고 엄마에 대한 사랑과 감사의 마음을 느낍니다. 내리사랑이라는 말을 떠올리게 해요. 할머니의 사랑이 엄마에게서 손녀 은비에게 이어져 내려온 것이죠.

아이들도 공감하며 엄마도 어릴 때의 나의 모습과 별반 다르지 않았다는 대목에서 안심합니다. 그래서 <동갑내기 울 엄마>를 유난히 좋아합니다. 그림책을 통해 마음속에 있는 상상을 부모와 나누며, 자연스럽게 생각과 욕구를 표현하게 되죠. 아이가 단순히 수동적으로 이야기를 듣는 것이 아니라, 적극적으로 참여하게 만들어줘요. 어떤 생각을 하는지, 어떤 감정을 느끼고 있는지를 잘 이해하게 된답니다. 마치 소금 한 숟가락이 요리 전체의 맛을 끌어올리듯, 그림책은 소통의 맛을 더해주며 가족 간의 대화를 더욱 깊고 풍성하게 만들어주는 것이죠. <엄마의 손 뽀뽀>라는 그림책은 처음으로 가족과 떨어져 세상 밖으로 나가는 아이에게 용기와 응원을 전해주어요. 눈이 까만 아기 너구리 체스터는 학교에 가는 게 너무나 두려운 나머지 훌쩍훌쩍 울고 있어요. 슬퍼하는 체스터를 보며 엄마의 엄마인 외할머니께 들은 비밀을 체스터에게 들려주시는데요. 언제, 어디서든 함께 하고 있어 마음이 편해지는 방법이라고 했어요. 바로 '엄마의 손 뽀뽀'가 그 비밀이었어요. "손을 펴거나, 손을 씻어도 엄마의 손 뽀뽀는 그대로 남아 있단다." 마음속에서 늘 응원하고 함께하고 있다는 마음의 안정을 느낄 수 있는 그림책이었어요. 엄마의 손 뽀뽀, 아이의 손 뽀뽀를 서로 주고받으며 사랑을 키워나가는 것! 이것을 보는 아이들의 표정이 환해집니다. 아이들이 이런 그림책을 좋아하는 이유이기도 하죠.

아이들은 자신이 겪었던 특별한 날의 경험을 나누며 그때의 느낌을 살려 글로 표현해 냈어요. 오직 자기만의 소중한 추억을 떠올리면서 말이에요. 그림책은 각기 다른 이야기와 그림을 통해 다양한 세계와 다양한 감정을 맛볼 수 있게 해줍니다. 그림책을 통해 아이들은 자신과 다른 삶을 사는 사람들, 다른 배경을 가진 가족들의 이야기를 접할 수 있어요. 그러면서 세상을 바라보는 눈이 커지는 것이죠. 나와 다른 환경에 놓인 가족들을 이해하는 마음도 갖게 되는 겁니다.

<우리 할머니 김복자>라는 그림책을 아이들과 보았어요. 엄마 손에 이끌려 억지로 할머니 집에 간 단이에게 과거로 여행하는 비밀의 문이 열립니다. 할머니의 신나게 뛰어놀던 어린 시절, 꿈 많던 젊은 시절을 마주하게 된 단이가 할머니를 향해 마음을 활짝 열게 되는 과정이 그려지는 그림책이에요. 아이와 사진첩을 열어 엄마의 옛 모습, 할머니의 옛 모습을 보며 이야기 나누고 싶어지는 그림책입니다. 아이들에게도 가족사진을 모아놓은 앨범을 꺼내 추억 여행을 떠나는 시간을 가져보라고 했어요. 과거 사진에는 아이가 모르는 상황이 담겨 있어요. 사진 속 배경과 당시 어떤 일이 있었는지 이야기를 나누는 거죠. 그러면서 가족들의 지나온 삶에 대해서도 알아가게 될 거예요. 아이들이 열린 시각을 가질 수 있게 도와주었죠. 아이들에게 없어서는 안 될 소중한 그림책입니다.

가족이 함께 그림책을 읽는 시간을 꼭 가져보길 권합니다. 아주 특별한 시간이 되어줄 거예요. 그 순간은 단순히 이야기를 듣는 것뿐만 아니라, 가족 간의 유대감을 깊게 만들어줄 거예요. 특히 아이들이 부모님과 함께 그림책을 읽을 때, 부모님은 아이에게 안정감을 주고, 아이는 부모와의 친밀감을 느끼게 되죠. 더 나아가 조부모의 사랑까지 배우게 된답니다. <할머니 무릎>은 할머니 무릎에 앉아 읽는 책이 제일 재미있다고 말하는 그림책이에요. "폭신폭신 포근포근 할머니 무릎, 난 할머니 무릎이 제일 좋아요." 그런데 할머니 무릎이 아픕니다. 아빠도 삼촌도 고모도 형아도 할머니 무릎에서 컸다고 합니다. 그래도 할머니는 무릎을 내어줍니다. 할머니의 끝없는 사랑을 전해주는 따뜻한 이야기예요. 할머니를 생각하고 바라보는 아이의 시

점에서 그림책을 통해 가족의 추억과 사랑을 다시 한번 떠오르게 하네요.

==그림책은 가족 간의 관계를 자연스럽게 연결해 주며, 그 관계를 더 돈독하고 깊이 있게 만들어줍니다. 그림책은 단순한 책이 아니니까요. 우리 삶을 더 찬란하게 해주는 강물과도 같아요.== 아이들이 감정을 느끼고 표현하는 데 도움을 주고, 부모와 아이의 관계를 더욱 긴밀하게 만들어주죠. 다양한 경험을 간접적으로 맛보게 하고, 서로를 존중하는 법을 가르쳐줍니다. 가족 간의 관계를 더욱 단단하게 만들어주죠. 그림책은 강물처럼 우리의 이야기를 흘러가게 해줍니다. 앞으로 맞이할 새로운 일을 앞둔 아이들에게 용기를 주고, 길을 잃은 아이들에게는 다시 나아가도록 힘을 불어넣어 줄 거예요. 아이들이 그림책을 좋아할 수밖에 없는 이유랍니다.

이렇게 실천해 보아요

1. 하루 10~15분이라도 부모와 아이가 함께 그림책을 읽으며 감정을 공유하고 대화를 나누어요.
2. 그림책 속 상황을 바탕으로 경험을 이야기하고, 감정을 말로 표현하도록 격려해 주어요.
3. 가족사진이나 어릴 적 이야기와 연관된 그림책을 읽으며 세대 간의 경험을 공유해요.
4. 그림책을 읽고 난 후 "가장 기억에 남는 장면은 뭐야?", "너라면 어떻게 했을까?" 같은 질문으로 생각과 감정을 나타내요.

6
제2의 이름, 미아 햄

　그림책은 아이들에게 성장 마인드셋을 가르치는 강력한 도구입니다. 성장 마인드셋이란, 단순히 '잘한다, 못한다'의 이분법에서 벗어나, 노력과 학습을 통해 성장할 수 있다는 믿음을 가지는 사고방식이에요. 이런 사고방식을 가진 아이들은 실패를 두려워하지 않고 새로운 도전과 배움에 긍정적으로 접근하며, 능력은 노력과 경험을 통해 확장될 수 있다고 믿어요. 성장 마인드셋은 특히 어린 시기에 형성되며, 인생 전반에 걸쳐 지속적인 발전과 자아존중감에 큰 영향을 줄 수 있어요.

　단순히 즐거움을 주는 것 이상이며, 자신의 감정을 이해하고, 문제를 해결하며 포기하지 않는 태도를 배우도록 도와주어요. <사슴에게 문제가 생겼어요!>라는 그림책은 어느 날 갑자기 나타난 문제 때문에 골치를 앓고 있는 주인공 사슴이 친구들과 문제를 해결해 나가는 과정을 그린 이야기예요. 주변 사람들과의 소통과 협력이 얼마나 중요한지를 보여주죠. 애니메이션 '인사이드 아웃'처럼 문제라는 추상적이고 관념적인 소재를 캐릭터로 시각화해 아이들의 관심을 사로잡아요. '다양한 생각과 많은 대화'가 문제 해결의 중요한 실마리라는 걸 보여주죠. 함께 대화하고 연대하는 공동체적 문제 해결을 제안해 주어요.

사슴은 커질 대로 커져버린, 늘어날 대로 늘어나버린 문제를 감당하지 못하고 친구들에게 도움을 청합니다. 사슴을 위해 모인 친구들은 문제를 꼼꼼히 연구합니다. 오랜 시간 동안 문제에 대한 서로의 생각을 나누고 대화할수록 문제는 점차 줄어들고 마침내 사라집니다. 이 사슴이 동물들과 함께 서로 돕고 격려하며 문제를 극복하는 모습을 통해 아이들은 긍정적인 마음가짐과 협력의 가치를 배울 수 있었어요.

그림책을 통해 아이들은 실수와 실패를 받아들이는 자세를 자연스럽게 익혀나갔어요. 혼자가 아니라 '함께하기'를 권해주면서 머리를 맞대고 아이디어를 나누라고 말해 주었죠. 위협적이고 거대한 문제를 줄여나갈 수 있고, 모두가 문제를 해결해 갈 수 있으니까요. 함께하는 힘이라 할 수 있어요. 주인공 동물들이 문제를 겪고 힘들어하지만, 이를 통해 더 강해지고 지혜로워지는 과정을 보면서 말이에요. 날지 못하는 새는 처음에는 좌절하지만, 다른 동물들의 도움과 자신의 노력으로 문제를 해결해요. 이 과정을 통해 아이들은 실수와 실패도 배움의 하나라는 점을 자연스럽게 받아들이게 되죠. 동물들이 자신의 문제를 해결하려고 시도하는 과정에서 포기하지 않고 노력하는 모습을 기억하면서 말이에요.

아이들은 이를 통해 어려운 상황에서도 포기하지 않고 도전하는 것이 중요한 가치라는 것을 배울 수 있었답니다. 집단 상담에서 모둠끼리 협력해야 하는 활동을 할 때, 친구들끼리 격려의 메시지를 써서 보내주었어요. 동물들이 좌절할 때 서로 격려하고 용기를 북돋아주는 대화들을 보면서 말이죠. 아이들은 이러한 긍정적인 대화가 서로를 위로하고 힘을 줄 수 있다는 사실을 배우게 되었어요. 그림책을 읽으며 '나는 할 수 있어.', '다시 도전해 볼 거야.'라고 자기 확신의 문구를 마음속에 새기게 됩니다.

    그림책은 각각의 동물이 다르다는 점을 통해 자신만의 장점을 인정하고 발전시키는 중요성을 보여줍니다. 동물들이 자신을 있는 그대로 받아들이고 성장하는 모습은 아이들에게 타인을 존중하며 자기 자신을 더 사랑하게 만드는 기회를 만들어주었어요. 성장 마인드셋을 키우는 그림책은 이렇게 문제를 해결하는 긍정적인 과정과 다양한 감정 표현을 통해 아이들에게 따뜻한 교훈을 전해주었죠. 아이들은 자신을 믿고 도전하는 태도를 자연스럽게 배운답니다. 그림책은 아이들에게 성장 마인드셋을 자연스럽게 심어줄 수 있는 훌륭한 도구입니다. 실패를 두려워하지 않는 법, 노력의 가치, 한계를 넘어서 도전하는 용기, 긍정적인 피드백과 성취의 기쁨을 그림책을 통해 배울 수 있었어요.

    성장 마인드셋을 갖춘 아이들은 능력을 믿고 도전하며, 실패를 기회로 삼아 더 큰 성장을 이룰 수 있게 됩니다. 아이의 미래를 준비하는 데 있어 필수적인 요소예요. 그 시작은 우리가 나누는 그림책 한 권일 수 있답니다. 그림책 속에서 실패와 도전, 노력의 중요성을 배우고, "나는 성장할 수 있어."라는 믿음을 심게 됩니다. 아이의 삶 전반에 걸쳐 중요한 자산이 될 것이죠. 각자 나에게 성장의 문구를 만들어주는 활동을 해보았답니다. "나는 내가 앞으로 충분히 잘할 수 있다고 믿고 있다." 한 남학생의 글귀입니다. 좌우명처럼 멋지게 문장을 써 내려갔어요. 성장 마인드셋을 격려하는 그림책의 힘을 통해 아이들은 말합니다. "앞으로 어떤 어려움이 닥쳐도 두려워하지 않고, 그 과정에서 힘을 모아 해결해 나갈 거예요." 실존 인물의 이야기에서도 성장 마인드셋을 찾을 수 있었어요. 단순히 도전하는 데 그치지 않고, 성장하는 모습을 보여준 실화죠. 도전이 거세고 어려운 것일수록 더 많이 성장하는 법이니까요.

미국에 가장 위대한 여자 축구 스타였던 미아 햄은 이렇게 말했습니다. "운동선수로서 내 삶은 언제나 나이와 기술 경험이 더 많은, 한마디로 저보다 뛰어난 선수들에 대한 도전, 그 자체였다고 할 수 있지요." 그녀가 처음 축구를 시작한 상대는 자신의 오빠였다고 해요. 그러다 10살이 되자 11살 소년들로 구성된 축구팀에 합류했고 결국 미국 최고의 대학 축구팀에 입단까지 했어요. 그녀는 말합니다. "그 선수들의 수준에 맞추려 노력하던 시절, 나는 상상 이상으로 빠르게 성장하는 자신을 느낄 수 있었어요."

축구를 좋아하는 아이들이 신나게 들려주는 이야기였어요. 이렇게 아이들도 꿈을 향해 도전하고 성장해 나가려는 의지를 키워나갑니다. 누구나 가능성은 열려 있다는 믿음을 갖고 있으니 말이죠. 누가 알겠어요? 우리 아이들 가운데에서도 제2의 미아 햄과 같은 인물이 또 나올지요.

어린 시절, 연날리기의 경험을 들려주면서 마무리했어요. "도전은 거친

바람을 타고 오르는 연과 같아. 처음엔 흔들리고 불안하지만, 점점 더 높이 날아오르면 안정적으로 앞으로 나아간단다. 이것이 바로 성장이야. 오르지 못하고 떨어지고 다시 날리기를 반복하며, 연은 더 강한 날개를 갖게 된단다. 두려움에 머물지 않고 바람을 맞이하는 거야. 그 끝엔 더 넓은 하늘이 기다리고 있단다."

이렇게 실천해 보아요

1. "나는 할 수 있어.", "실패해도 괜찮아."와 같은 긍정적인 자기 확신 문장을 써서 생활 속에서 활용해요.
2. 그림책 속 주인공처럼 문제 상황을 만들고, 친구들과 함께 다양한 해결 방법을 찾아보며 협력을 배워요.
3. 미아 햄처럼 노력과 도전으로 성장한 인물의 사례를 소개하고, 아이들이 자신의 꿈과 목표를 설정하도록 도와주어요.
4. 도전했던 경험을 글이나 그림으로 표현하고, 어려움을 극복한 사례를 나누며 성장의 의미를 되새겨요.

7
행복한 나를 만나는 마음 여행

어느 날, <마음을 담은 병>이라는 그림책을 읽는 날이었어요. 아이들은 제목을 보자마자 궁금해했어요. "마음을 담은 병이 실제로 있어요? 왜 마음을 담아두었죠? 어떤 마음을 담았나요?" 아이들의 상상력이 발동되었어요. 호기심 가득한 눈빛으로 책을 펼쳐보았어요. 표지를 보는 초롱초롱한 눈망울이 얼마나 사랑스러운지 몰라요. 이런 모습에 반해서 그림책을 읽어주는 삶을 계속 이어가고 있답니다.

주인공 토끼 르웰린은 무서운 책을 좋아하지만, 두렵거나 슬프거나 화나거나 외롭거나 창피함을 느끼는 건 싫어합니다. 그래서 기발한 방법을 생각해 냅니다. 자신의 감정을 병에 넣어 가두는 것이죠. 더 이상 두려움을 느끼지 않게 되어요. 이어 슬픔, 흥분, 화, 외로움, 기쁨, 실망의 감정을 병에 담아 창고 안에 꼭꼭 숨겨버렸어요. 그렇게 하면 더 이상 감정에 휘둘리지 않을 것 같은 생각이 들었거든요. 그런데 마지막으로 '창피함'을 병에 담으려 했을 때, 보관하는 창고가 꽉 차 넣을 수가 없게 돼요. 억지로 병을 창고에 밀어 넣다가 그만 병이 와장창! 깨지고 말아요. 병에 담긴 감정의 색이 다채로운 빛깔로 펼쳐져 나옵니다. 놀랍게도 르웰린은 후련함을 느꼈어요. 이제 르웰린은 마음의 준비가 되면 마음 하나를 똑바로 바라보고, 그 감정의 이름을 불러주고, 꼭 안아준 다음 훌훌 날려보내요. 르웰린은 자신의 감정을 자유롭게 놓아둘 때 더욱 건강해진다는 것을 알게 됩니다. 자신의 감정과 제대로 마주하고, 건강하게 해소하게 되었거든요. 결국 감정을 피하거나 무시하는 게 아니라 직면하고, 다루는 방법을 배워야 한다는 사실을 깨닫게 됩니다.

책을 다 읽은 후 아이들과 함께 감정을 억누르고 가둬두는 것이 좋지 않다는 걸 알고 자신의 마음을 자유롭게 써보는 시간을 가졌어요. 감정을 피하는 대신, 소통하고 건강하게 표현하는 법을 배우는 것이 감정 건강의 핵심이라는 것을 쉽게 전달할 수 있었죠. 자신의 감정을 마주 보고 받아들이고 이해하고 표현하도록 하는 귀한 시간이었어요. 아이들은 진지한 표정으로 감정을 종이에 솔직하게 써나갔어요. 억눌린 감정이 쌓여서 고통이 되지 않도록 말이죠. 사고와 삶을 지배하는 어떤 감정으로부터 자유로워지고 싶을 때 감정을 있는 그대로 받아들이고 이해하고 표현하는 것이 중요하다는 걸 직접 발표하며 나누었어요. 세상에 불필요하거나 쓸모없는 감정은 없으니까요. 감정 조절은 나의 감정과 친해지는 일이며 선명하게 마주할 때 비로소 건강한 삶의 자산으로 자리 잡게 되거든요.

작가 데버라 마르세로는 이렇게 말합니다.

"감정은 때때로 너무나 거대하고 혼란스럽고 통제 불가능하지만, 우리가 싸워야 할 적은 아니에요. 그러니 안심하고 용기를 가지세요. 감정을 억누르지 않고 마음을 담은 병에서 자유로이 꺼내놓는다면 삶에 아름다움과 색깔과 깊이가 더해질 거예요." 눈에 보이지 않는 감정을 어떻게 다루어야 하는지를 보여주는 중요한 그림책입니다. 아이들이 직관적으로 공감할 수 있게 보여주었죠.

혹시 내 감정을 모른 척하거나 깊은 곳에 치워두지는 않았나요? 가만히 내 마음을 만나보세요. 감정을 마주하는 게 감정 훈련의 첫걸음이며 건강하게 감정을 다룰 수 있는 시작점이에요. 이야기를 읽으면서 감정이 우리의 삶에서 자연스럽고 중요한 부분이라는 걸 알게 되었어요. **감정은 피하거나 감추는 것이 아니라 건강하게 표현하고, 이해하며, 처리해야 하는 것이라는 메시지를 전해주었죠.** 이렇게 배운 감정 건강은 아이의 평생 자산이 되어줄 거예요.

우리는 이어서 <나의 일곱 가지 감정 친구들>로 연결해서 읽고 나누는 시간을 가졌어요. 주인공 이슬이는 기분이 이상해질 때마다 모두 다른 일곱 감정 친구들과 마주치는데요. 우울함, 신남, 화남, 놀람, 불편함, 부끄러움, 궁금함 등의 감정을 받아들이고 마음의 안정을 찾아갑니다. 감정 이야기가 끝난 다음 '감정 바로 알기' 코너에서 내 감정을 조절하면서 자신이 느꼈던 감정을 떠올리고 빈칸을 채워보는 시간을 가졌어요. 이렇게 활동하는 동안 부정적인 감정을 다스리는 자신만의 방법을 찾아갈 수 있었답니다. 또한,

자신의 감정을 조절하며 공감 능력과 사회성을 길러주었죠. 가정에서, 학교에서, 사람들과 어울리는 법을 배우는 데에도 유익한 그림책이죠. 특히 분노를 자주 표출하던 한 친구의 감정이 많이 가라앉게 되었어요. "선생님! 화가 나는 것이 꼭 나쁜 감정이 아니라는 것과 그 감정을 어떻게 다루어야 하는지 알게 되었어요. 화가 났을 때 했던 말과 행동이 얼마나 잘못되었는지 반성하게 되었어요." 감정을 잘 다스리는 것이 아주 중요하다는 걸 깨닫게 되었어요. 분노라는 감정도 잘 표현되면 문제를 해결하는 원동력이 될 수 있다는 것을 깨달았어요.

감정 건강 유산이란 단순히 자신의 감정만 잘 관리하는 것이 아니라, 다른 사람의 감정도 존중하고 이해하는 거라는 중요한 메시지를 전해주었어요. "화가 나면 어떻게 해야 할까? 울고 싶을 땐 어떻게 해야 할까?" 같은 질문을 통해 자신의 감정과 타인의 감정을 다루는 방법을 함께 배웠어요. 감정이 폭발할 때 아이들에게 이렇게 말해 줍니다. "너도 빨강 괴물처럼 화가 날 수 있어. 하지만 화가 났을 때 어떤 방식으로 표현하는지가 중요해. 빨강 괴물도 결국 감정을 잘 다루는 법을 배웠잖아?" 이렇게 유쾌한 이야기를 나누며 감정 조절의 중요성을 이야기할 수 있었답니다. 앞으로 부정적인 감정이 생겨나도 현명하게 대처할 수 있을 거라는 기대감에 부풀어 흐뭇한 미소가 번졌어요.

감정에 대해 좀 더 자유롭게 대화를 나누었어요. "오늘 너는 어떤 감정을 느꼈니?", "그 감정이 너에게 무슨 말을 하고 싶어 했을까?" 같은 질문을 통해 자신의 감정을 분석하고, 감정 건강을 유지하는 법을 자연스럽게 배울 수 있게 도왔어요. 단순히 감정을 숨기거나 억누르는 것이 아니라, 그 감정을 잘 이해하고 표현하는 법을 배우는 것이죠. 무엇보다 중요한 건 이 감정 유산이 세대를 거쳐 전해진다는 점이에요.

부모가 자신의 감정을 건강하게 관리하고, 아이에게도 감정 조절 방법을 알려주면, 아이는 그 유산을 물려받게 됩니다. 돈이나 재산과는 다르게 시간이 지나도 줄어들지 않고, 오히려 더 커지죠. 감정적으로 건강한 사람은 다양한 문제를 현명하게 해결할 수 있어요. 다른 사람들과도 긍정적인 관계를 맺을 수 있기 때문이죠. 아이에게 물려줄 수 있는 최고의 선물 중 하나가 바로 감정 건강 유산입니다. 그림책 속 주인공들이 감정과 맞서는 이야기는 아이들에게 감정이란 친구 같은 것임을 일깨워 주었어요.

자신의 감정을 잘 다루고, 다른 사람들과도 감정적으로 건강한 관계를 맺을 수 있다면, 그것이야말로 인생에서 가장 큰 성공이 아닐까요? 감정 건강 유산을 남긴다는 것은 부모가 아이에게 행복하고 건강한 정서를 물려주는 걸 의미합니다. 이것은 엄청나게 소중한 유산이에요. 심리 치유를 공부하면서 교수님께서 강조하신 말씀이 떠오릅니다. "아이들에게 우리가 물려주어야 할 것은 건강한 정서이다." 이는 부모인 우리가 꼭 기억해야 할 말입니다.

이렇게 실천해 보아요

1. 아이들에게 "오늘 어떤 감정을 느꼈니?"와 같은 질문을 통해 자신의 감정을 솔직하게 이야기해요.
2. 부정적인 감정을 느낄 때, 깊은 호흡, 감정 일기 쓰기, 명상 등을 함께 연습해요.
3. 다양한 감정을 인식하고 이름 붙이는 활동을 통해 감정의 존재를 인정하고 수용하는 자세를 길러요.
4. 부모가 감정을 잘 다루는 모습을 보이며 아이들이 감정을 긍정적으로 표현하도록 안내해요.

8

미래를 여는 용기와 지혜

 부모는 아이를 키우는 동안 고민하는 질문이 있어요. "우리 아이는 앞으로 어떤 사람이 될까?" 아마 모든 부모가 한 번쯤은 이 질문을 해보았을 겁니다. 어떻게 하면 미래를 여는 용기와 지혜를 심어줄 수 있을까? 이는 마치 모험가가 보물을 찾으러 떠나는 여정과도 닮아 있죠. 하지만 보물을 찾기 전에 지도가 없다면 길을 잃어버리게 돼요. 아이들에게 용기와 지혜라는 두 가지 보물을 준비할 수 있도록 도와주어야 합니다. 아이들은 두 가지 보물을 준비해서 어려움을 이겨내고, 더 나은 선택을 할 수 있는 힘을 얻게 되는 거죠. 용기를 내어 도전하고, 지혜롭게 그 도전에서 깨달음을 얻고 성장해 나가니까요.

 이런 소중함을 담은 그림책 <딸에게 아빠가 필요한 이유>를 보게 되었어요. 아동과 가족 발달학을 공부한 그레고리 랭은 자신이 아빠가 된 후 경험하고 배운 것들을 되돌아보며 사랑하는 딸을 위해 이 책을 썼다고 해요. 세상에 단 하나뿐인 딸에게 들려주고 싶은 사랑과 응원의 메시지를 담고 있어요. 아빠는 딸을 처음 안은 순간, 새로운 세상이 열렸다면서 세상에서 가장 빛나는 네가 될 수 있도록 하겠다고 다짐합니다. 딸에게 '누구나 실수하니까 무엇이든지 용감하게 부딪혀보라.'고 알려줍니다. 힘찬 첫걸음을 내딛는 것을 지켜볼 거고, 옆에 늘 아빠가 있을 거라고 말합니다. 치열한 경쟁 사회에서 남들보다 월등한 존재가 되라는 것이 아니라, 자신의 가치를 알고 믿으며 빛나는 미래를 상상해 보라는 이야기는 깊은 감동을 전해주었어요. 세상의 모든 딸에게 빛나는 삶을 살 수 있는 지혜와 용기를 선물하는 그림책입니다.

어린 시절, 저의 아버지는 직업군인이셨어요. 엄격함과 자상함이 조화를 이룬 교육 방식 속에서 용기와 지혜를 배울 수 있었죠. 어려운 시절인데도 책 한 질을 사주시며 무한한 상상력을 펼칠 수 있도록 해주셨어요. 책을 읽어가며 꿈을 키웠고 세상 밖으로 나가도록 허락해 주셨으니까요. 딸밖에 없는 아버지로서 많은 걱정이 앞섰을 텐데 말이죠. "세상은 넓고 할 수 있는 일은 많다."라며 저의 유능감을 키워주셨어요. 덕분에 다양한 경험을 할 수 있었고 씩씩하고 당찬 사람으로 성장할 수 있었거든요. 대물림처럼 저도 두 아들에게 용기와 지혜를 선물해 주었어요. 인생의 멘토가 되어주었죠.

교실에서 아이들에게 뭔가를 해보자고 하면 "아니, 난 그런 일은 절대 못해요!"라며 두려워해요. 이 그림책을 본 후 아이들은 사뭇 달라진 모습을 보여주었어요. 자신에게 '이제는 좀 더 용기를 내볼까?'라고 다짐하며 용기를 북돋워나가기로 결심해요. 이 과정에서 그림책이 얼마나 중요한 역할을 하는지 다시금 깨닫게 되었어요. 용기란 두려움을 이기는 것이 아니라, 두려움 속에서도 나아가는 것임을 깨닫게 해주었으니까요. "아멜리아처럼 용기를 내보는 건 어떨까? 네가 두려워하는 일이 있다면, 그걸 극복하는 게 얼마나 멋진 일인지 아니?"라고 이야기해 주었어요. 이렇게 용기를 북돋아 주는 대화를 나누다 보면 앞으로 어떤 상황에서도 용기 있게 나아갈 수 있다는 신념을 갖게 되죠. 그림책이야말로 용기와 지혜를 갖도록 도와주는 밑거름이에요. 아빠와 딸 서로에게 선물해 줘도 좋은 패밀리 북이랍니다.

<겁쟁이 에버그린>도 용기를 주는 좋은 그림책이에요. 겁이 많은 다람쥐 에버그린은 무엇이든 해보기도 전에 먼저 두려움을 느끼고 포기하는 아이였어요. 어느 날, 엄마는 에버그린에게 특별한 심부름을 시킵니다. 감기에 걸린 오크 할머니께 마법 수프를 갖다드리라고 한 거죠. 갈매나무숲을 가로질러 혼자서 말이에요. "네? 제가요? 저 혼자서 갔다 오라고요? 안 돼요. 난 못해요!", "네가 두려워하는 건 알지만 잘 해낼 수 있을 거야!" 엄마의 응원에 용기를 내어 첫걸음을 내디딥니다. 그렇지 않아도 무서운 에버그린 앞에 도움을 청하는 동물들이 자꾸만 나타납니다. 에버그린은 낯선 동물들을 보며 그냥 지나치지 않고 용기를 내어 동물 친구들을 도와줍니다. 수프를 한 방울도 흘리지 않고 드시도록 하라는 엄마와의 약속도 지켜냅니다. 씩씩하게 심부름을 해나가는 에버그린의 모습을 보며 아이들도 더 넓은 세상으로 나아갈 수 있다는 용기를 얻게 됩니다. 에버그린은 용감했고 이제 아무것도 두렵지 않았어요. 집으로 가는 길의 갈매나무숲은 그전과 무척 달라 보였죠.

아이들에게 누구나 한 번쯤은 있었을 법한 심부름 이야기라 더욱 몰입합니다. 내가 겪은 이야기 같거든요. 다들 공감하며 에버그린의 마음을 이해하고 헤아립니다. 자신도 그렇다고 하면서 말이에요. 그렇게 아이들은 간접경험을 통해 부쩍 성장하고 깨달음을 얻었어요. "다람쥐 에버그린처럼 위기 속에서도 지혜롭게 대처하는 방법을 배울 수 있어! 어려운 상황이 오면 침착하게, 용기와 지혜를 발휘하는 게 중요해!"라고 말해 주었어요. 지혜는 그림책에서 배운 지식이 아니라, 경험을 통해 쌓아가는 것임을 강조해 주었죠. 모든 게 처음인 아이들에게 용기를 주고 처음 경험해 보고 나서 성취감을 얻는다면 두 번째부터는 쉬워질 거라는 것을 말해 주지 않아도 스스로 알게 됩니다. 해보지 않으면 결코 얻을 수 없는 경험들은 새로운 도전의 밑거름이 되어주어요.

상담하면서 특별히 부모에게 권하는 게 있어요. 아이들과 함께 소풍이나 캠핑, 등반, 오름 오르기를 해보도록 말씀드리죠. 자연 속에서 다양한 경험을 하며 용기를 내고, 위기를 헤쳐나가는 법을 자연스럽게 배울 수 있으니까요. 모험 중에 아이가 겪는 작은 문제들을 해결하는 과정에서 지혜도 키울 수 있답니다. "어떻게 하면 이 산을 잘 넘어갈 수 있을까?"라고 아이에게 먼저 물어보세요. 아이가 스스로 문제를 해결하는 데 도움을 줄 수 있어요. 또한 부모가 자신의 어린 시절 경험을 공유하는 것도 좋은 방법이에요. "엄마는 어렸을 때 이런 상황에서 눈 딱 감고 씩씩하게 용기를 냈어!"와 같은 이야기를 통해 자신의 감정을 공유하고, 용기의 가치를 배울 수 있어요.

실패는 아이들에겐 언제나 불안하고 두렵게 느껴지죠. 바라는 대로 안 되었을 때나 좌절했을 때 "괜찮아! 실패할 수도 있어. 처음부터 다 잘할 수는 없어! 다음에는 더 잘할 수 있을 거야!"라고 격려해 주었어요. 실패를 긍정적으로 바라볼 수 있도록 돕는 거죠. 이렇게 아이들은 두려움을 극복하고, 다음 도전을 향한 용기를 키울 수 있었어요. 좋아하는 그림책을 함께 읽으며, 주인공들이 어떤 상황에서 용기와 지혜를 발휘했는지 이야기해 보는 시간은 매우 소중했어요. 아이들은 자신의 감정을 주인공과 연결하며 더 나은 선택을 할 수 있는 기회를 얻게 되었답니다. 긍정 마인드는 덤으로 따라오게 되는 거죠. 긍정적 심리학은 한 권의 그림책을 통해 아이들에게 고스란히 전해진답니다.

미래를 여는 용기와 지혜를 심어주는 것은 평생의 자산을 만드는 것과 같아요. 이 두 가지를 잘 키워나가면, 미래의 어려움도 이겨내는 힘을 가질 수 있게 됩니다. 인생의 많은 순간에서 도전이 필요한 이유도 바로 여기에 있어요. 부모가 먼저 본보기가 되어주는 게 중요하죠. 부모가 용기 있게 도전하는 모습이나, 지혜롭게 문제를 해결하는 모습을 보여준다면 그대로 보고 배우게 된답니다. 아이는 부모의 모습에서 용기를 내고, "나도 저렇게 할 수 있어!"라는 자신감을 얻을 테니까요. 미래를 여는 용기와 지혜는 세상을 향해 나아가는 힘의 원천이 됩니다. 그림책을 통해 배우고, 부모의 사랑과 격려 속에서 더욱 단단해지거든요. 오늘도 아이들과 함께 그림책을 읽으며, 용기와 지혜를 나누고 있답니다. 그렇게 밝은 미래를 향한 멋진 모습이 만들어집니다. 끊임없이 도전하는 친구들의 가능성은 무한대니까요.

이렇게 실천해 보아요

1. 용기와 지혜를 주제로 한 그림책을 함께 읽으며 주인공의 감정과 행동을 이야기해 주세요.
2. 소풍이나 캠핑 같은 활동을 통해 아이들이 작은 문제를 스스로 해결하도록 유도하세요.
3. 자신의 어린 시절 경험을 이야기하며 용기와 지혜의 가치를 자연스럽게 전달하세요.
4. 실패를 두려워하지 않도록 "괜찮아, 다음엔 더 잘할 수 있어!"라는 말로 격려하세요.

마치는 글

아직은 심리 치유에 대한 첫걸음을 내딛는 부족한 경험을 써서 부끄럽기 짝이 없습니다. 하지만 지금 여기에서 만난 아이들의 현실을 다시금 재조명해 볼 수 있는 용기를 얻어 참으로 다행이라고 생각합니다. 학교 현장과 개인 상담에서 만난 친구들에게 꼭 맞는 부분을 찾아 그림책을 신중하게 고르느라 밤을 지새웠던 시간이 떠오르네요. 그렇게 해서 '가족 심리 치유 그림책 에세이'로 탄생하기까지 도서관과 서점을 매일같이 드나들었고, 깊은 밤과 새벽의 설렘을 만끽할 수 있었던 순간들이 참으로 소중했습니다.

가족은 심리적 안전 기지입니다. 정서적 안정과 심리적 회복을 위한 가장 중요한 둥지인 셈이죠. 안전 기지가 튼튼해지기 위해서는 단순한 사랑만으로는 부족해요. 꾸준한 돌봄과 진정성 있는 소통이 필요하죠. 그림책을 통해 자신의 마음을 표현하고 상처를 마주하는 용기를 얻을 수 있었습니다. 우리의 억눌린 감정을 표현하고, 이를 통해 자신과 가족의 상처를 이해할 수 있게 해주었으니까요. 저도 진정한 치유는 이해에서 비롯된다는 사실을 다시금 깨닫게 되었어요.

　가족이란 각기 다른 개성과 경험을 가진 사람들이 서로를 존중하며 함께 성장하는 공간입니다. 진정성 있는 가족 관계는 서로의 불완전함을 인정하고 받아들이는 것에서 시작됩니다. 건강한 가족은 갈등이 없는 게 아니라 갈등을 건설적으로 해결해 나가는 것이죠. 그림책은 이러한 과정을 부드럽게 이끌어주는 매개체가 되어줍니다. 가족과 함께 읽고 이야기하며, 서로 다른 관점과 감정을 나눌 수 있으니까요. "내가 틀렸구나."가 아니라 "우리가 다를 수 있구나."라는 깨달음을 전해주죠. 가족은 완벽해서 아름다운 게 아니라, 서로 다른 조각들이 모여 하나의 그림을 완성해 가는 과정에서 특별해지는 존재입니다.

　가족 관계는 '완성된 모습'이 아니라, 함께 만들어가는 여정입니다. 가까운 사이일수록 서로를 더 잘 안다고 믿지만, 사실 가족이야말로 가장 알아가려는 노력이 필요한 관계입니다. 서로가 다른 삶을 살아온 개별적인 존재라는 점을 인정하고, 그 차이를 좁혀가는 것이 건강한 가족 관계의 시작이죠. 관계의 진정한 가치는 완벽하지 않은 상태에서 서로를 이해하고, 함께 성장해 나가는 데 있습니다. 가족 간의 갈등은 자연스러운 일이지만, 이를 외면하거나 억누르기보다는 대화와 공감을 통해 해결할 수 있습니다. 여기서 중요한 것은 '상대의 말을 들으려는 열린 마음'과 '진심으로 상대를 이해하려는 노력'입니다. 그림책은 이 과정에서 놀라운 역할을 해주었어요. 관계의 여정에서 우리에게 방향을 제시하고, 함께 걸어갈 길을 밝혀주었어요. 또한 서로를 통해 삶의 의미를 발견하고 치유하는 힘을 불어넣어

주었죠. 이 책을 통해 그림책과 가족 관계의 소중함을 느끼셨기를 바랍니다. 모든 가족이 이 여정을 통해 더 단단해졌기를 진심으로 바랍니다.

　잠을 줄여가며 글을 쓸 때의 환희와 열정이 가슴 뛰는 삶을 살도록 해주었어요. 우리가 남겨주고 갈 세상이 아이들에게는 더 행복해질 수 있는 곳이 되기를 바라는 마음이었어요. 그것이 물질과 기술의 발전으로 아주 편리해진 세상일 수도 있지만, 내면의 상처나 아픔을 줄일 수 있는 곳이라면 더 낫겠다고 생각했어요. 그리고 아이들이 어깨동무하고 맘껏 웃을 수 있는 세상을 만들어가기를 희망합니다. 아마 이것이야말로 자신의 인생을 소중히 여기며 믿음과 존중을 바탕으로 더불어 나아가는 힘이 될 것입니다.
　그림책 계에 일대 혁명을 일으킨 에즈러 잭 키츠는 이런 말을 남겼어요. "내가 그림책을 만드는 이유는 실재에서 환상까지 나의 모든 경험을 아이들과 나누기 위해서다. 나는 그 아이가 누구든 자신을 중요한 존재로 느끼며, 희망에 찬 모습을 가질 수 있다는 것을 보여주고 싶다."
　세상의 모든 아이를 사랑했던 그의 철학을 닮고 싶네요. 탄탄한 내면 근육이 강하게 만들어질 수 있도록 그림책과 함께 부모님들도, 아이들도 위로받고 용기를 내길 바랍니다. 아이들은 그림책으로 사랑과 존중, 공감과 협력의 가치를 배우며, 더 나은 세상을 향해 나아갈 힘을 얻을 것입니다. 그로 인해 세상이 살아갈 만한 곳임을 깨닫게 되길 바라면서요. 간절함은 온 우주가 힘을 모아 보내주는 것처럼, 분명 이런 세상이 올 것이라고 굳게 믿어요. 그 믿음이 여기까지 올 수 있게 해주었답니다. 제게 그림책이란 어두운 밤하늘에 빛나는 별과 같습니다. 어두운 순간에도 그 빛을 따라가면 위로와 희망을 찾을 수 있으니까요. 그림책은 우리의 마음속에 숨겨진 빛을 찾아주는 등불과도 같아, 어두운 길을 밝혀주는 소중한 친구랍니다. 영원히 함께 가야 할 존재이죠. 더 나은 나를 찾아가도록 도와주는 소중한 동반자랍니다.

마지막으로, 이 모든 과정이 가능할 수 있도록 가르침을 주신 최초의 인생 그림책 스승이자 멘토이신 김영아 교수님께 깊은 감사의 말씀을 드립니다. 끊임없이 멈추지 않고 성장할 수 있도록 채찍질해 주신 덕분입니다. 또한 꾸준히 공부하고 서로를 믿고 격려해 준 사랑하는 동기 선생님들께도 존경과 감사를 표합니다. 이것이 그림책과 평생 살아가야 할 이유입니다!

이제 새로운 시작을 향해 또 다른 발걸음을 내딛습니다. 지금까지의 과정이 헛되지 않음을 믿으며, 그림책이 가진 따뜻한 힘을 더 많은 이들과 나누기 위해 노력할 것입니다. 그림책이 우리의 삶에 깊숙이 스며들어, 가족 간의 관계뿐만 아니라 우리 사회 전체가 건강한 방향으로 나아가길 소망합니다. 이 책이 그 여정에 작은 길잡이가 되었기를 바라며, 더 많은 부모님이 그림책을 통해 사랑과 이해를 경험할 수 있기를 바랍니다. 그리하여 아이들이 세상을 향해 나아갈 수 있는 든든한 버팀목이 되어주세요. 부모의 사랑은 아이들에게 무한한 힘과 용기를 준다는 사실을 잊지 말기 바랍니다.

이 글을 읽어주신 모든 분께 감사를 드립니다. 함께 걸어온 길이 앞으로 더욱 빛나길 바라며, 그림책과 함께하는 여정을 계속 이어가겠습니다.

2024년의 뜨거운 여름을 사랑한

박 하

부록

감정을 치유하는 그림책 가이드

1. 갈등과 회복에 관한 책

1) 형제자매 간의 갈등 해결이 필요할 때

<터널> 앤서니 브라운, 논장

<피터의 의자> 에즈러 잭 키츠, 시공주니어

<조금만> 타키무라 유우코 글, 스즈키 나가코 그림, 한림출판사

<나는 둘째입니다> 정윤정, 시공주니어

<형보다 커지고 싶어> 스티븐 켈로그, 비룡소

<동생이 태어났어요> 정경해 글, 정송빈 그림, 도서출판 진원

<내 동생 싸게 팔아요> 임정자 글, 김영수 그림, 미래엔아이세움

2) 부모의 학대에서 벗어나고 싶을 때

<으르렁 아빠> 알랭 세르 글, 브뤼노 하이츠 그림, 그림책공작소

<앵그리맨> 그로 달레 글, 스배인 니후스 그림, 내인생의책

<명희의 그림책> 배봉기 글, 오승민 그림, 보림

<너 왜 울어?> 바실리스 알렉사키스 글, 장-마리 앙트낭 그림, 북하우스

<고함쟁이 엄마> 유타 바우어, 비룡소

<엄마가 화났다> 최숙희, 책읽는곰

<우리 아빠> 앤서니 브라운, 웅진주니어

<우리 아빠가 최고야> 앤서니 브라운, 킨더랜드

<나의 아버지> 강경수, 그림책공작소

<우리 아빠는 사랑한다는 말을 안 해요!> 뱅상 기그 글, 루치아노 로자노 그림, 을파소

<내가 아빠에게 가르쳐 준 것들> 미겔 탕코, 위즈덤하우스

3) 가족의 사랑을 일깨우고 싶을 때

<돼지책> 앤서니 브라운, 웅진주니어

<폭풍이 지나가고> 댄 야카리노, 다봄

<달빛 조각> 윤강미, 창비

<엄마가 화났다> 최숙희, 책읽는곰

<동갑내기 울 엄마> 임사라 글, 박현주 그림, 나무생각

<나의 다정한 돼지 엄마> 크리스틴 나우만 빌맹 글, 마리안 바르실롱 그림, 그레이트북스

<크록텔레 가족> 파트리샤 베르비 글, 클로디아 비엘른스키 그림, 함께자람

<위대한 가족> 윤진현, 천개의바람

<두 사람> 이보나 흐미엘레프스카, 사계절

<언제까지나 너를 사랑해> 로버트 먼치 글, 안토니 루이스 그림, 북뱅크

<언제나 네 곁에 있을게> 이누이 사에코, 비룡소

<오늘도 너를 사랑해> 이누이 사에코, 비룡소

4) 친구와의 사이를 개선하고 싶을 때

<친구에게> 김윤정, 상수리

<친구란 뭘까?> 조은수 글, 채상우 그림, 한울림어린이

<짝꿍> 박정섭, 스콜라

<친구를 모두 잃어버리는 방법> 낸시 칼슨, 보물창고

<우리 친구 하자> 앤서니 브라운, 현북스

<친구랑 싸웠어!> 시바타 아이코 글, 이토 히데오 그림, 시공주니어

<친구의 전설> 이지은, 웅진주니어

2. 자아존중감에 관한 책

1) 공감과 위로를 받고 싶을 때

<가만히 들어주었어> 코리 도어펠드, 북뱅크

<엄마의 손뽀뽀> 오드리 펜 글, 루스 하퍼, 낸시 리크 그림, 만두

<내 얘기를 들어주세요> 안 에르보, 한울림어린이

<나의 아기 오리에게> 코비 야마다 글, 찰스 산토소 그림, 상상의힘

<아마도 너라면> 코비 야마다 글, 가브리엘라 버루시 그림, 상상의힘

<딸에게 아빠가 필요한 이유> 그레고리 E. 랭, 수재너 레너드 힐 글, 시드니 핸슨 그림, 책연어린이

<아빠, 나한테 물어봐> 버나드 와버 글, 이수지 그림, 비룡소

<사랑하는 까닭> 한용운 시, 도휘경 그림, 이루리북스

<메리> 안녕달, 사계절

<점> 피터 H. 레이놀즈, 문학동네어린이

2) 자존감 회복이 필요할 때

<너에게만 알려 줄게> 피터 H. 레이놀즈, 문학동네

<겁쟁이 에버그린> 매튜 코델, 미세기

<난 나의 춤을 춰> 다비드 칼리 글, 클로틸드 들라크루아 그림, 모래알(키다리)

<나에게 해 주는 멋진 말> 수전 베르데 글, 피터 H. 레이놀즈 그림, 위즈덤하우스

<민들레는 민들레> 김장성 글, 오현경 그림, 이야기꽃

<용감한 아이린> 윌리엄 스타이그, 비룡소

<우산 대신 ○○> 이지미 글, 그림, 올리코 글, 위즈덤하우스

3) 열등감을 극복하고 싶을 때

<나는 강물처럼 말해요> 조던 스콧 글, 시드니 스미스 그림, 책읽는곰

<짧은 귀 토끼> 다원시 글, 탕탕 그림, 고래이야기

<마음아, 작아지지 마> 신혜은 글, 김효진 그림, 시공주니어

<내 꼬리> 조수경, 한솔수북

<아나톨의 작은 냄비> 이자벨 카리에, 씨드북

<검은 반점> 정미진 글, 황미옥 그림, 엣눈북스

4) 건강한 소통과 경계 존중을 고민할 때

<가만히 들어주었어> 코리 도어펠드, 북뱅크

<내 얘기를 들어 주세요> 안 에르보, 한울림어린이

<말의 형태> 오나리 유코, 봄봄출판사

<안돼!> 마르타 알테스, 북극곰

<핑!> 아니 카스티요, 달리

<적당한 거리> 전소영, 달그림

<곰씨의 의자> 노인경, 문학동네

<주머니 밖으로 폴짝!> 데이비드 에즈라 스테인, 시공주니어

<알도> 존 버닝햄, 시공주니어

<스갱 아저씨의 염소> 알퐁스 도데 시, 에릭 바튀 그림, 파랑새

<좋아서 껴안았는데, 왜?> 이현혜 글, 이효실 그림, 천개의바람

<똑똑똑 선물 배달 왔어요> 허혜경, 박희순, 한그루

3. 다양하게 활용할 수 있는 그림책

1) 가까운 사람의 죽음으로 슬플 때

<무릎딱지> 샤를로트 문드리크 글, 올리비에 탈레크 그림, 한울림어린이

<철사 코끼리> 고정순, 만만한책방

<슬픔을 건너다> 홍승연, 달그림

<마음이 아플까 봐> 올리버 제퍼스, 아름다운사람들

<내가 함께 있을게> 볼프 에를브루흐, 웅진주니어

2) 화를 다스리고 싶을 때

<자꾸자꾸 화가 나> 김별 글, 신현정 그림, 큰북작은북

<소피가 화나면, 정말 정말 화나면> 몰리뱅, 책읽는곰

<소피가 속상하면, 너무너무 속상하면> 몰리뱅, 책읽는곰

<나는 가끔 화가 나요!> 칼레 스텐벡, 머스트비

<화가 나는 건 당연해> 미셸린느 먼디 글, R. W 앨리 그림, 비룡소

3) 감정을 잘 들여다보고 싶을 때

<감정을 숨기는 찬이> 마곳 선더랜드 글, 니키암스트롱 그림, 한국심리치료연구소

<오늘, 기분이 어때?> 제이닌 샌더슨 글, 셰리 저메이징 그림, 갈락시아스

<감정 호텔> 리디아 브란코비치, 책읽는곰

<감정에 이름을 붙여 봐> 이라일라 글, 박현주 그림, 파스텔하우스

<미안해 또 미안해> 이자벨라 팔리아 글, 파올로 프로이에티 그림, 이야기공간

<마음을 담은 병> 데버라 마르세로, 나는별

<나의 일곱 가지 감정 친구들> 키아라 피로디 글, 알렉산드라 맨프레디 그림, 보랏빛소어린이